I0118326

LE PARISIS CODE FAIT SON CINEMA

Thierry Van de Leur

LE PARISIS CODE
FAIT SON CINEMA

Couverture et 4ème de couverture : Cindy Van de Leur (18/3/2018).

Note de Copyright et première édition mai 2019

Contact auteur : t.van-de-leur@laposte.net

Imprimé en Europe par : www.lulu.com

Dépôts légaux Bibliothèque Nationale de France en 2019

© 2019 par Thierry Van de Leur. Tous droits réservés.

Livre autoédité, également vendu sur :

www.lulu.com

ISBN : 979-10-91289-31-3

EAN : 9791091289313

A mon épouse, Agnès,
A ma fille, Cindy
Aux frères Lumières

DESTINY
ADVISORY
EXPLICIT CONTENT

SOMMAIRE

RAPPEL SUCCINCT DU CODE

On peut dire que de nombreuses informations sont encodées ou cryptographiées dans la carte de Paris...

Coder s'emploie au sens premier de *code* (code secret), alors que *encoder* est le symétrique de *décoder* et se réfère aux emplois récents de code.

Encoder, c'est constituer un message selon les règles d'un système d'expression (langue naturelle ou artificielle), sous une forme accessible à un destinataire.

La **cryptographie** est une des disciplines de la cryptologie s'attachant à protéger des messages (assurant confidentialité, authenticité et intégrité) en s'aidant de clés.

Pour parvenir à décoder le Grand Code parisien il est parfois indispensable d'utiliser certaines clefs. Ces clefs, je ne les ai pas inventées ; elles se sont imposées.

C'est petit à petit, par recoupement, que je suis parvenu à découvrir tous les lieux-clef symboliques ayant une importance fondamentale dans la compréhension globale de ce code.

Etrangement, il est impossible pour moi de me remémorer quelle fut la première ligne que j'ai tracée et qui m'a fait prendre conscience qu'en passant à travers l'Opéra Garnier, la boucle de l'Ankh, une ligne pouvait révéler des informations.

Le Parisis Code utilise en général deux méthodes pour faire parler les rues.

Il suffit tout simplement de tracer des lignes droites regroupant au minimum 3 points.

Le premier moyen, consiste à rejoindre deux rues, en passant par une ou plusieurs clefs. De cette manière, on révèle plusieurs paramètres concernant en propre le personnage ciblé.

La 2ème méthode consiste en l'alignement très précis d'une rue sur l'un des 4 points cardinaux (Nord, Sud, Est ou Ouest).

Ce procédé révèle un lien évident avec le personnage concerné par la voie parisienne ciblée.

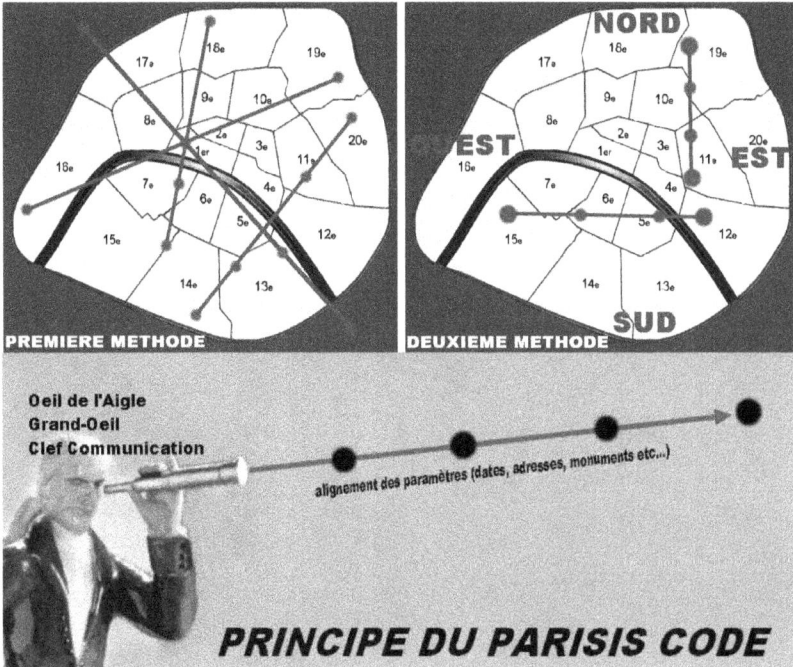

PRINCIPE DU PARISIS CODE

La plupart des clefs fait partie des édifices les plus prestigieux et symboliques de la capitale.

Elles ont toutes une fonction et une signification bien spécifique, donnant un véritable sens aux alignements. Elles servent de trait d'union, de jonction, de 3ème point.

Comme des buildings émergeant des nuages, seuls les points déterminants symboliques émergent des rues de Paris et s'alignent...

La clef principale du *Parisis Code* est représentée par le Boulevard des Capucines, le Boulevard des Italiens, l'Avenue de l'Opéra et les rues tournant autour de l'Opéra Garnier.

Cette disposition de voies prend la forme caractéristique de l'Ankh, la croix égyptienne.

Le point le plus important, souvent évoqué, est la boucle de l'Ankh, matérialisée par l'Opéra Garnier.

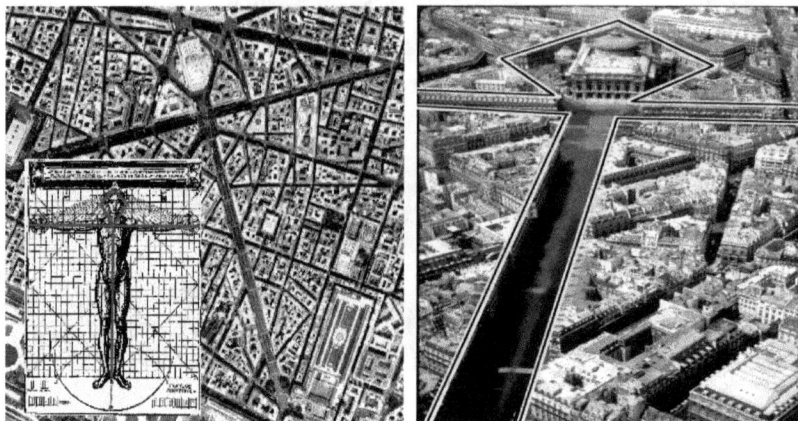

C'est le grand lustre de l'Opéra Garnier qui détermine ce que j'appelle "Le centre de la Boucle de l'Ankh... la clef du Destin... la Grande Lumière. L'Intelligence qui a créé le Code...

Parmi les autres clefs permettant de lire le grand Code de Paris, on trouve la plupart des grands monuments de la Capitale.

Chacune a une signification en rapport avec son histoire, sa forme ou son nom.

La signification de ces clefs est souvent d'une grande logique.

La Tour Eiffel est une clef symbolisant la France ou Paris.

L'Arc de Triomphe apporte une notion de succès, d'importance et bien sûr de Triomphe.

La Cathédrale Notre-Dame met bien sûr l'accent sur l'aspect religieux en général, sur la Vierge, mais aussi sur Isis…

La Pyramide du Louvre est une clef majeure concernant Napoléon. Elle apporte une notion d'importance.

C'est la clef universelle réservée aux personnalités les plus marquantes et aux évènements exceptionnels.

Mais la clef qui concerne l'Empereur, est avant tout, son tombeau qui trône sous le dôme des Invalides.

La Statue de la Liberté (Pont de Grenelle) est une représentation cachée en terre de France de la déesse égyptienne Isis.

De nombreuses preuves sont apportées viennent attester ce fait.

Le Trocadéro (Palais de Chaillot) possède trois clefs sexuelles consacrées à la Création de la Vie, l'acte primordial pour l'Humanité.

On y trouve l'Esplanade des Droits de l'Homme représentant le sexe féminin, la Fontaine de Varsovie évoquant par sa forme le sexe masculin.

Illustration du Palais de Chaillot (Trocadéro), et de la Clef de la Mise au Monde du Code.(appareil génital féminin).
Dessous, la Fontaine de Varsovie, en forme de phallus, représente le sexe masculin. Son extrémité est la Clef de la Création dans le sens large du terme.

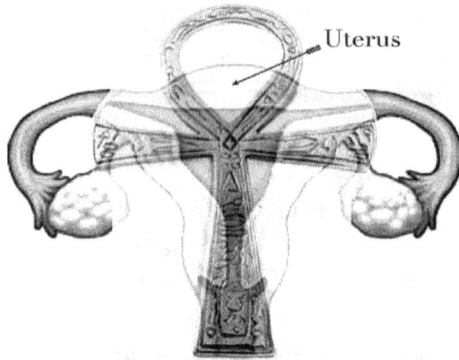

Uterus

L'œil de l'Aigle des Buttes-Chaumont

Cette fameuse clef, l'une des plus performantes du Parisis Code est capable de nous prouver qu'elle est la meilleure, et que son nom n'est pas usurpé.

Pour cela, il suffit de joindre l'Arc de Triomphe à la pupille de l'œil ; à savoir le petit temple de la Sybille qui domine le rocher de l'île du parc des Buttes-Chaumont.

Cet axe, vers l'Est, au Pré Saint-Gervais, atteint : 1) l'Avenue de l'Aigle, 2) la rue de Bellevue, 3, la rue du Regard. Nous faut-il plus de preuve?

Le parc des Buttes-Chaumont, dessine, vu du ciel, une clef suggestive extrêmement importante pour le code ; il s'agit d'une tête d'Aigle. C'est son œil qui dans le code, s'est révélé être une des clefs les plus actives.

LA RETINE DE L'OEIL DE L'AIGLE

Horus est le fils d'Isis et d'Osiris. *Dans le Parisis Code il regarde l'endroit où est née sa mère...*

L'œil de Horus est l'un des symboles de régénération et de renaissance les plus célèbres du mythe d'Osiris ; il connut une grande importance dans la civilisation égyptienne.

On le mettait à l'intérieur des bandelettes des momies, mais aussi sur les amulettes, gravures et papyrus.

L'Œil d'Horus est représenté par l'Œil de l'Aigle des Buttes-Chaumont. Cet Aigle représente aussi le Dieu à tête de Faucon Horus. L'Œil de l'Aigle qui regarde l'Opticien Osiris (n°21, Avenue de Friedland), crée un axe qui passe sur l'Arc de Triomphe. Cet axe atteint, à l'Est, au Pré Saint-Gervais, la rue de l'Aigle !

HORUS

L'oeil qui voit tout...

la pupille de l'oeil

couronne de l'Aigle
Oeil de l'Aigle
pointe du bec de l'Aigle

TÊTE DE L'AIGLE DES BUTTES CHAUMONT

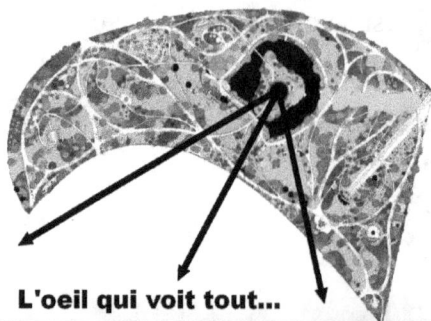

Reconnaissable par sa forme circulaire, unique à Paris, la Maison de Radio-France est la **Clef de la Communication**.
Généralement, les alignements transitent par le centre exact de ce cercle.

Radio-France

L'entrée du cimetière du Père Lachaise est naturellement la **Clef de la Mort**.

Elle donne divers renseignements sur la mort (date, lieu du décès ou parfois même l'emplacement exact de la sépulture !

La Villa Faucheur, le Passage des Soupirs, la Porte de l'Enfer du Musée Rodin, la statue de la Mort de la Faculté de Médecine - Campus des Cordeliers, n°15 rue de l'Ecole de Médecine, sont aussi des Clefs de la Mort.

Exemple : La ligne reliant l'entrée du Père Lachaise (la **mort**) à l'Association Sainte-**Agonie** de Jésus-Christ (n°95, rue de Sèvres), passe précisément sur la Clef de l'**Eglise** : l'entrée de la Cathédrale Notre-Dame de Paris.

La ligne de 6, 7 km reliant la Discothèque "**Boom Boom**" (n°37, Avenue de Friedland) à l'entrée du Père Lachaise (la **mort**) passe sur... le **Bataclan** !

Nous avons également la **Grande Croix du Christ** immense présence du Christ dans la Capitale, formée par l'Avenue Foch, l'Avenue de Malakoff et l'Avenue Raymond Poincaré.

Je la nomme parfois le Bellator, pour la différencier de la Croix Ankh.

Le Bellator était le plus gros morceau qui avait été récupéré de la Vraie Croix du Christ.

Pour nous confirmer la véritable nature de cette configuration de voies en forme de Croix, symbole du Christianisme, il suffit de tracer une ligne reliant la rue de la Clef au centre de cette croix.

Cette Clef nous révèle un message chrétien d'une grande Lumière, en traversant la Grande Galerie de l'Evolution (Clef de l'Evolution), le Panthéon (tombeau des Grands Hommes), et l'église Saint-Sulpice (*Sulpice* n'est autre qu'une déformation du vocable Supplice). Cette ligne passe à proximité de la Nonciature (Ambassade du Vatican).

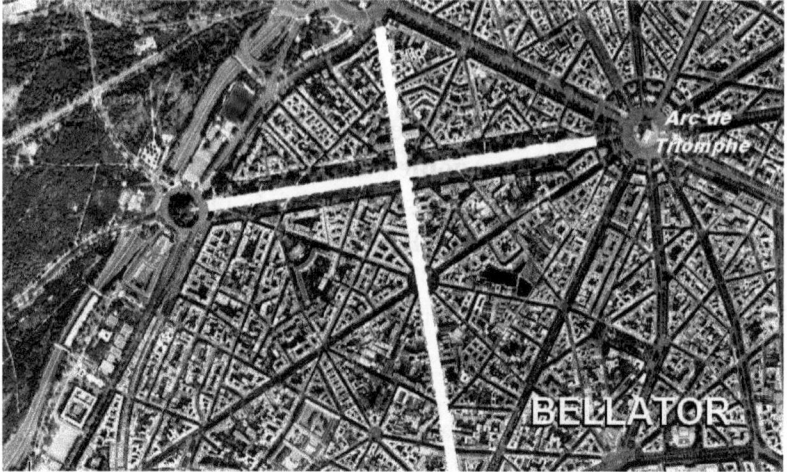

Enfin, le **Grand Œil** (Observatoire de Paris) qui regarde le centre de cette Croix forme une ligne qui passe sur la rue Dieulafoy (13ème arr.).

Le **Grand Œil** est une des clefs les plus performantes du Code, elle possède les mêmes fonctions que l'œil de l'Aigle des Buttes-Chaumont. D'ailleurs la ligne qui rejoint ces deux yeux passe sur la rue du Trésor… c'est tout dire !

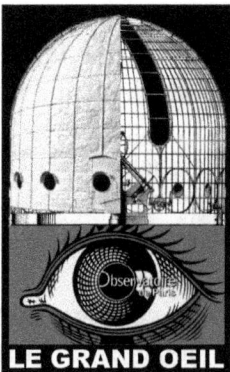

Le Grand Œil est l'Observatoire de Paris

Le code nous prouve qu'il utilise la Pyramide du Louvre, comme substitut à la Pyramide de Khéops : la ligne reliant la Clef de la Communication (Radio-France) au restaurant "Villa Khéops" (n°58, Boulevard de Sébastopol), traverse bien la Pyramide du Louvre.

Déterminer l'emplacement d'un numéro de rue

Sur les cartes de Paris ne figurent que quelques numéros de rue.
Attention, il ne faut pas déduire l'emplacement des autres numéros en fonction de ces indications !
Les adresses peuvent être très éloignées les unes des autres en fonction de l'importance des monuments, squares et autres paramètres placés de part et d'autre...
Pour déterminer avec précision l'emplacement exact d'un numéro sur une voie (rue, place etc...), vous devez impérativement aller sur internet et consulter Google. C'est très simple : taper le numéro et le nom de la voie.
Cliquer ensuite sur l'adresse désirée sélectionnée par le site *www.meilleursagents.com*, destiné aux agences immobilières.
L'emplacement se matérialise alors sur la carte avec la surface exacte occupée, entourée en bleu.
Reporter ensuite ce point sur la carte. C'est l'espace entier formé par l'adresse qui est pris en compte dans le Code ; pas forcément l'entrée principale.
Je préconise l'emploi de la carte Michelin n°55 au 1/10 000ème.
Prendre de préférence une carte avec l'index des rues séparées afin d'éviter de retourner sans cesse la carte.

Jours, dates et heures

Le Parisis Code est un système extrêmement précis qui est souvent capable de fournir des informations concernant une **date** de naissance, de décès ou autres événements importants de la Vie. Ces précisions peuvent être fournies par les saints du calendrier qui sont très largement représentés dans les rues, églises et institutions de la Capitale. Exemple, la rue ou l'église Saint- Thomas vont représenter la date du.3 juillet, ou Saint- Laurent le 10 août. Même si la rue n'est pas précédée du mot "saint", ça fonctionne quand même. L'information peut être aussi fournie par les sociétés portant des noms de saints.

Petite subtilité : certains jours sont fêtés plusieurs saints en même temps, et le saint utilisé par le Code peut très bien se cacher derrière le saint présenté en premier. Il convient donc de consulter éventuellement un dictionnaire des prénoms.

Certains saints et saintes possèdent aussi une autre fonction, celle de saint patron (e). Ils donnent alors le nom du métier de la personne…

Les heures sont aussi fournies par les sociétés ou certains théâtre (ex : Théâtre de dix heure, Sarl 22h22 etc…).

De même pour **les années**. On ne compte plus dans Paris le nombre de sociétés qui portent le nom de l'année de leur création (Sci 2017, Sarl 2013 etc). Souvent la ligne qui passe sur cette adresse apporte une précision considérable.

Les mois de l'année et **les saisons** sont aussi fournis de la même façon (Sarl septembre, rue Juillet, rue du Printemps).

Mais attention, tout n'est pas systématique !

Tous les jours de l'année, toutes les heures etc… ne sont pas représentées par un saint ou une société.

Substitution

Le Code utilise les noms qui ne concernent pas forcément la personne recherchée dans les alignements. C'est valable pour les sociétés. La Sarl ou la Sci Bardot peut très bien ne pas concerner Brigitte. Une rue Renaud peut être utilisée pour le chanteur ou pour quiconque porte ce nom ou ce prénom.

Cela peut aussi être un homonyme, une ville qui porte le même nom qu'une ville étrangère ou vice-versa. Par exemple la rue de Valence concerne aussi bien la ville espagnole que la ville française.

Le code fonctionne également avec les adresses qui se trouvent dans d'autres villes que Paris. Pour cela, il faut bien entendu que cette adresse exacte existe également dans Paris.

Même les numéros peuvent être utilisés. Par exemple, le Parisis Code indique clairement qu'il devait être découvert à mon adresse exacte à Strasbourg.

C'est pourquoi la ligne qui révèle cette découverte utilise mon adresse par substitution, à Paris.

Les points éphémères

Le Parisis Code est parfois capable de fonctionner sans l'aide de rues ou même de clefs. Il peut utiliser des points éphémères que sont les bars, restaurants, magasins, sociétés ou hôtels.

Les sociétés (Sarl, Sci, Société personnelles etc…) ont un rôle prépondérant dans ce code. Ce rôle je l'ai ignoré ou sous-estimé pendant plusieurs années. Pourtant les adresses des sièges des sociétés génèrent un nombre considérable de lignes et les enrichissent.

Lorsqu'un parisien choisit un nom pour sa société et l'emplacement de son siège dans la Capitale, il est bien loin de se douter que sa décision n'est pas vraiment la sienne. Elle est guidée. Par qui, par quoi, mystère !

Ce qui est certain, c'est qu'aucune intervention humaine n'est à suspecter.

Même si cette affirmation vous parait fantaisiste, vous allez le constater par vous-même tout au long de ce livre.

C'est impressionnant, et pour moi c'est toujours un moment très fort émotionnellement parlant, et après 13 ans de recherches, je ne suis toujours pas blasé de ces découvertes. On ne s'habitue pas au merveilleux !

Ce qui est mystérieux dans les paramètres formés par les sociétés, c'est leur côté éphémère.

En effet, lorsqu'une société est créée, elle participe activement aux alignements du Code.

Mais si celle-ci est radiée, même peu de temps après sa création, elle reste opérationnelle et visible sur internet si vous tapez son nom. C'est d'ailleurs la même chose lorsqu'il s'agit des adresses où des personnalités sont nées ont vécu ou son décédées. Le souvenir de leur passage reste gravé dans l'Histoire et dans le Code.

Il faut savoir que Paris possède environ 1 500 hôtels, 6 200 restaurants et plus de 1 150 bars.

En 2012, 345 restaurants, commerces ou sociétés ont fermé leur porte… certains changent de nom.

Mais il s'en crée sans cesse de nouveaux et le souvenir des anciens persiste grâce à Internet.

La domiciliation d'une société cache souvent l'adresse personnelle de son gérant, un commerce etc…

Parfois le nom de la société est différent du nom du commerce concerné. Parfois ce n'est qu'une boite aux lettres pour ceux qui désirent une adresse prestigieuse dans Paris. (Arc de Triomphe, Champs Elysées etc…)

A cet effet, il existe des sociétés spécialisées dans la Domiciliation d'entreprises qui peuvent posséder des dizaines d'adresses dans Paris. Ce service est payant : environs 26 euros/mois pour une société, et 5 euros pour une association.

Mais pour le Parisis Code, cela ne change rien. Seul le nom qui se cache derrière cette adresse compte.

On peut souvent savoir où habite un artiste, à Paris, en tapant son nom sur internet (souvent son véritable nom, plutôt que son nom d'artiste), précédé de " Paris, Société Monsieur……" ou Paris, Société Madame…". Pour une des sociétés (Sarl) de Johnny, c'était simplement son surnom intime "Mamour" choisi par Laeticia…

L'exemple ci-dessous, particulièrement spectaculaire, n'utilise que des points éphémères (Hôtels, boutiques et restaurants).

Le **Golden Gate** (Porte Dorée), est un pont célèbre construit en 1937, situé à San Francisco (Californie), qui relie la ville de San Francisco, à la ville de Sausalito.

Si nous relions le restaurant **Golden Gate** (n°2, rue Daumier) à l'Hôtel **California** (n°16, rue de Berri), cette ligne traverse le restaurant **San Francisco** (n° 1, rue Mirabeau) !

Cet axe atteint au nord, la rue Joseph de Maistre où se trouve au n°31, un magasin de vêtements à l'enseigne "**Sausalito** !

Relions le Restaurant San Francisco (n°1, rue Mirabeau) à la station de Métro "Porte Dorée" (Golden Gate) ou encore l'Hôtel de la Porte Dorée (n° 273, Avenue Daumesnil).

Cette ligne traverse le magasin de vêtements "Sausalito", situé au 17, rue d'Odessa (14e).

Le code est capable de dire que Sausalito se trouve en Californie aux Etats-Unis ! La droite reliant la Place des Etats-Unis à un autre magasin "Sausalito", situé au n°31, rue Lepic, traverse bien l'Hôtel California (16, rue de Berri).

Autre exemple : l'Homme a mis le pied sur la Lune le jour de la Saint-Victor, grâce à une fusée Apollo…

La ligne, rigoureusement Nord-Sud, reliant la rue de la **Lune** à la rue **Saint-Victor** croise le bar **la Fusée** (168, rue Saint-Martin), et la Société **Apolo** (15, rue de Palestro) !
Le Grand-Œil qui regarde l'Hôtel **Apollo** (11, rue de Dunkerque - 10e) crée une ligne qui passe sur la rue de la **Lune**.

LISTE DES CLEFS PRINCIPALES DU CODE

Arc de Triomphe - Gloire, Triomphe,
Boucle de l'Ankh - Clef universelle, Musique, Destin
Œil de l'Aigle - Clef universelle, Vue, Découverte
Pointe du bec de l'Aigle - Point important, outil du sculpteur.
Pyramide Louvre - Tombeau, Napoléon
Parvis Droits Homme - Sexe féminin, Maternité, Naissance,
Fontaine de Varsovie - Sexe masculin, Puissance, Création
Cimetière Père Lachaise - Mort (entrée du cimetière)
Tour Eiffel - France, Paris, Antenne
Cathédrale Notre Dame -Vierge, Isis, Religion
Grande Croix du Christ - Christianisme, Jésus, mort
La Madeleine - Marie-Madeleine, descendance de Jésus
Maison Radio-France - Communication, télévision,
Obélisque - Puissance, plume de 'écrivain,
Pyramide Inversée - Notion de contraire, Féminité
Rond-point Champs-Elysées - Notoriété, Célébrité
Panthéon - Célébrité, Immortalité, Panthéon virtuel
Zénith - Le plus haut niveau
Tour Maine Montparnasse - Haut niveau, Intelligence,
Statue Liberté - Isis, U.S.A, Liberté, déesse mère
Arc de Triomphe (Carrousel) - Triomphe, succès, Couronne
Cité de la Musique - Musique
Place du Trocadéro - Fœtus, l'Aiglon
Cours du 7ème Art - Cinéma, Comédiens
Grande Galerie de l'Evolution - Evolution de l'Humanité.
Palais de la Découverte - Découverte, inventions
Mairies - Naissance
Statue de la Mort - Mort (Musée Dupuytren)
Observatoire de Paris - Le Grand Œil, Clef universelle, Œil, Espace. L'œil de l'Aigle des Buttes-Chaumont et le Grand-Œil sont les deux clefs les plus importantes du Code.

LE SEPTIEME ART

Les débuts du Cinéma

Le centre de l'Ankh, la place de l'Opéra, est formé par la jonction à angle droit de l'Avenue de l'Opéra et du Boulevard des Capucines.

Cette partie centrale, à elle seule, prouverait qu'il existe un destin tout tracé pour l'humanité. Tout le scénario semble prévu d'avance !

En effet, c'est dans cet espace central, sur le bras gauche de la croix, à 250 mètres du centre de la boucle de l'Ankh et à l'angle de la rue Scribe (cela ne s'invente pas !), qu'eu lieu officiellement la première séance publique (payante) de cinéma de l'histoire de l'humanité.

Le cinéma allait devenir un art majeur du XXème siècle ! (Brevet n° 245-032).

L'importance de l'invention du Cinéma dans le monde entier n'est plus à prouver.

Toute la Vie de notre planète est quotidiennement immortalisée grâce à ce procédé. Il était donc normal de le retrouver sur l'Ankh, le Grand Signe de Vie.

Chaque année, 700 tournages sont réalisés à Paris dans 4000 lieux de décor naturel.

C'est au n° 14 du Boulevard des Capucines, dans le Salon Indien du **GRAND CAFE**, que se déroula, le 28 décembre 1895, la première représentation cinématographique payante des **FRERES LUMIERE** (Auguste et Louis).

Ce Salon peut donc être considéré comme la 1ère salle de cinéma de l'Humanité, et cette date marque la naissance officielle du 7ème Art. ! On peut d'ailleurs lire au n° 14, une inscription commémorative :

Le 28 décembre 1895, les frères Lumière projetèrent pour la 1ère fois en public, ces films de 16 mètres, maintenant historiques : Sortie d'usine… ; le Septième Art était né.

Ce jour-là, dix films d'une durée de 1 à 2 minutes chacun, furent présentés, dont le plus célèbre, *Le Petit Espiègle*, connu sous le nom de *l'Arroseur arrosé*. A Boulogne-Billancourt, le Jardin de l'Arroseur arrosé commémore l'évènement, et ce tout premier court métrage.

D'autres films furent appréciés : *Sortie des usines Lumière à Lyon*, *le déjeuner de bébé* et l'immortelle *Arrivée du train dans la gare de la Ciotat*.

L'axe reliant le Jardin de l'Arroseur arrosé au Grand Café, 14 Boulevard des Capucines, atteint l'entrée de l'Opéra Garnier, boucle de l'Ankh et consécration suprême du Code.

Il existe un Hôtel du 7ème Art situé au n°20, rue Saint-Paul (4ème arr.).

Il ne génère qu'un seul alignement en rapport avec le Cinéma mais il est signifiant : l'axe formé par le Jardin de l'Arroseur et cet hôtel atteint la rue Louis Lumière !

La ligne reliant la Clef de la Création (extrémité de la Fontaine de Varsovie) à la Société "Le meilleur du Cinéma" (n°47, rue de Paradis), passe sur le Palais de la Découverte, et sur le n°14 Boulevard des Capucines (naissance du Cinéma).

Cette date du 28 décembre 1895 semble ne pas avoir été choisie au hasard ; en effet, son total 28+12+18+95 donne le fameux nombre symbolique « 153 », cher aux Francs-maçons dont Louis Lumière faisait partie.

Bizarrement, Louis est d'ailleurs le seul des deux frères à avoir une rue et un stade dans le 20ème arrondissement de Paris, et par conséquent à recevoir les honneurs du Parisis Code.

Etrange synchronicité : les Francs-maçons se disent *Frères de la Lumière*. Les frères Lumière étaient de Lyon, la ville des

Lumières, anciennement nommée Lugdunum, ville de Lug, le dieu Celte de la Lumière !

Le nombre « 153 » est, entre autre, un symbole de réunification du troupeau, rassemblé par son berger. Et quel rôle tient le cinéma depuis plus d'un siècle, si ce n'est celui du berger, en rassemblant lui aussi les spectateurs dans une salle commune ou devant un écran de télévision ?

Le *Grand Architecte de l'Univers* est le « Dieu » de la Franc-maçonnerie. Selon les nombres (guématrie), le *Grand Architecte* donne un total de 153.

Louis Lumière bénéficie de 4 alignements symboliques en rapport avec le Cinéma :

1) Un axe qui part de la rue Louis Lumière (20ème arr.), passe par la pointe de la pyramide Tenon, le centre de l'Ankh, le n° 14 du Boulevard des Capucines et se termine sur l'Arc de Triomphe.

2) Un axe qui part de l'extrémité Nord de la rue Louis Lumière, passe par la Pyramide du Louvre et se termine sur la Tour Eiffel.

3) La rue Louis Lumière était jusqu'en 2005 (découverte du Parisis Code), dans l'alignement Est du Musée du Cinéma Henri Langlois, de la Cinémathèque (au Palais de Chaillot depuis 1963) et du Palais de Tokyo, espace consacré aux techniques du Cinéma.

4) L'œil de l'Aigle qui regarde les extrémités Nord et Sud de la rue Louis Lumière ou encore le Stade Louis Lumière forme un axe qui traverse le Cours du 7ème Art (19ème arr.) !

On pourrait même affirmer que la longueur de cette rue a été déterminée en fonction de cet alignement.

Personne ne pouvait prévoir le futur succès du cinéma sauf ceux qui, poussés par on ne sait quelle force mystérieuse, organisèrent cette séance historique à cet endroit précis !

En effet, les débuts furent loin d'être fracassants (33 spectateurs seulement le premier jour), pas un seul journaliste ne s'était déplacé et aucun grand journal quotidien, le lendemain, ne jugea opportun de relater la première séance de l'Histoire du Cinéma !

Si nous traçons une ligne joignant la boucle de l'Ankh et l'autre emblème égyptien qu'est l'Obélisque de la Concorde, on s'aperçoit qu'elle croise précisément le Boulevard des Capucines, à l'endroit exact où eu lieu cette première séance historique !

Le premier projecteur de cinéma de l'Histoire fut construit par les frères Lumière au n° 44, Rue de Rennes, à la Société d'Encouragement à l'Industrie Nationale.

Ce projecteur est aujourd'hui conservé au Conservatoire des Arts et Métiers. Ce que nous confirme le Code : l'œil de l'Aigle qui regarde le 44, Rue de Rennes, crée une ligne qui traverse ce Musée.

C'est à cet endroit qu'eu lieu également la toute première projection privée et expérimentale, le 22 mars 1895.

Cette adresse exacte, qui se trouve à l'angle de la Place Saint-Germain des Prés, nous est précisée par le Parisis Code !

En effet, le bec de l'Aigle est une clef censée nous indiquer un endroit précis ou une construction importante généralement d'ordre artistique.

La droite joignant le Cours du 7ème Art au 44, Rue de Rennes, passe précisément sur la pointe du bec !

Le Grand-Œil qui regarde le 14 du Boulevard des Capucines (naissance du Cinéma) crée une ligne qui passe sur le 44, Rue de Rennes !

Une autre séance de cinéma préliminaire eu lieu à la Sorbonne. Celle-ci figure également dans le code : si nous traçons une ligne partant du lieu de la 1ère séance payante, et passant par la Cour du Sphinx, elle rejoint la Sorbonne. Elle traverse aussi la Pyramide du Louvre.

En alignant les lieux des deux séances préliminaires (rue de Rennes et Sorbonne) nous obtenons un axe qui rejoint l'emplacement du désormais ancien **Musée du Cinéma**, aile Nord du Palais de Chaillot.

La *Liberté éclairant le Monde*, cette petite sœur de la Statue de la Liberté de New-York se trouvant au Pont de Grenelle, alignée sur le 44, rue de Rennes, crée une droite de plus de 9,5 kilomètres atteignant la rue Louis Lumière, certes, mais aussi, en guise de confirmation, le Stade Louis Lumière...

Lumière, l'homme qui a éclairé le Monde de son invention !

En tout cas, c'est une belle démonstration de l'extraordinaire fiabilité du Parisis Code ! Où est la part de coïncidence dans cet alignement ?

Si nous demandons au Sphinx, où se trouve le projecteur de la toute première séance de cinéma des Frères Lumière utilisé en

1895, il nous répond : " Il est exposé au Musée des Arts et Métiers, rue Réaumur !"

En effet, si nous traçons une ligne joignant la rue du 7ème Art à la Cour du Sphinx (Louvre), celle-ci traverse effectivement le centre du Musée des Arts et Métiers où est exposé ce précieux appareil. Une autre statue de la Liberté est exposée dans un square adossé au musée !

La lanterne magique, ancêtre du projecteur de cinéma était semble-t-il connue dans l'Egypte Antique. Léonard de Vinci traça les dessins d'une lanterne de projection.

D'ailleurs, si l'on trace une ligne reliant la rue Léonard de Vinci au lieu de la 1ère séance de cinéma historique, elle passe par le centre révélateur de l'Ankh (Place de l'Opéra).

Cerise sur le gâteau, comme on l'avait constaté plus haut, le prolongement du Boulevard des Capucines (et Boulevard des Italiens) nous amène tout droit aux Buttes-Chaumont, où furent installés, dès 1906, les premiers studios de cinéma de Paris.

Ce sont également les frères Lumières qui organisèrent la première séance historique de cinéma en Chine ou en Russie (20 mai 1896).

Aussi incroyable que cela puisse paraître, la date de l'invention du cinéma, représentée par la première séance payante réalisée n° 14 du Boulevard des Capucines, le 28 décembre 1895, est gravée dans le Grand Code.

En effet, le 28 décembre est dans le calendrier chrétien la fête des Saints-Innocents.

A Paris, nous avons la rue des Innocents et la fameuse Fontaine des Innocents, situés dans le 1er arrondissement. Ce sont eux qui permettent de dater ce jour historique grâce à un alignement commémoratif à forte teneur symbolique.

La droite qui joint la Clef de la Mise au Monde, le fœtus (la Place du Trocadéro) à la rue Louis Lumière, passe très précisément sur la rue et la Fontaine des Innocents, après avoir traversé au Palais de Chaillot l'ex Musée du Cinéma ; pour marquer l'extrême importance de cette invention dans l'histoire de l'Humanité, la ligne traverse la Pyramide du Louvre.

Enfin, si nous joignons la rue et la Fontaine des Innocents à la Cours du 7ème Art, la ligne ainsi générée passe précisément sur la pointe du bec de l'Aigle, clef qui met le doigt sur un évènement particulièrement important.

L'Œil de l'Aigle qui regarde le 44, Rue de Rennes (où fut construit le premier projecteur de cinéma de l'Histoire) crée une ligne qui passe par la rue des Innocents ! A mon avis, ce n'est pas… innocent.

Le déménagement du Musée du Cinéma et de la Cinémathèque de Chaillot a fait perdre un alignement symbolique au Parisis Code. Plus précisément cet alignement n'a pas disparu ; il n'est plus visible.

L'installation du musée au n° 51 de la rue de Bercy (12ème arr.), génère une nouvelle ligne dont le symbolisme souligne encore l'importance du Cinéma.

La droite partant de la nouvelle adresse et passant par la Fontaine des Innocents atteint la boucle de l'Ankh précisément sur l'entrée de l'Opéra Garnier !

Le 4 mai 1897, un peu plus d'un an après l'invention du Cinématographe, une terrible tragédie eu lieu dans une salle de cinéma improvisée, rue Jean Goujon appelée le **Bazar de la Charité**.

L'éther et la pellicule inflammable prirent feu au sein du projecteur de cinéma embrasant rapidement la salle entière.

On déplora 130 victimes parmi lesquelles la sœur de Sissi l'impératrice. A l'endroit exact, en mémoire du drame, on a bâti l'Eglise Notre-Dame de Consolation.

Le Parisis Code montre à sa façon cette tragédie qui marqua les débuts du Cinéma.

L'œil de l'Aigle qui regarde l'ex Musée du Cinéma du Palais de Chaillot) crée une ligne qui passe sur le n° 14 du Boulevard des Capucines et sur … la rue Jean Goujon théâtre du drame !

Ce fait divers dramatique est aussi à l'origine du *Fantôme de l'Opéra* (1910), œuvre de l'écrivain et journaliste Gaston **LEROUX** (1868-1927), qui s'inspira également d'autres faits divers qui se produisirent au sein de l'Opéra Garnier.

Un alignement symbolique nous démontre que ces deux lieux sont source d'une création importante : l'œil de l'Aigle qui regarde l'Eglise Notre-Dame de Consolation (théâtre du drame), crée un axe qui traverse la Place de l'Opéra ; cet axe atteint la clef de la création : le Parvis du Trocadéro !

Le lendemain de la catastrophe...

C'est Léon **GAUMONT** (1864- 1946), Président de la plus ancienne société cinématographique, qui fit construire les studios des Buttes-Chaumont.

Comme s'il avait respecté un Code bien défini, Gaumont avait installé son tout premier studio artisanal au « 6, rue Francoeur » (18ème) qui, il faut le savoir se trouve dans l'axe nord de la rue Scribe, à l'extrémité de laquelle on retrouve notre mythique Grand Café au n° 14 du Boulevard des Capucines.

Ces premiers studios de la rue Francoeur sont dans l'alignement nord du Musée Grévin où sont rassemblées pour la postérité de nombreuses personnalités du cinéma sous une forme beaucoup plus statique, et au teint plutôt cireux.

Le prolongement du Boulevard des Capucines et du Boulevard des Italiens concentre les plus grandes salles de cinéma de Paris.

Ajoutons que le temple mythique de la chanson l'Olympia (1893) se trouve également sur le Boulevard des Capucines (au n°28), à quelques mètres seulement du lieu où fut présentée la première séance de cinéma de l'Histoire !

Toujours dans le même endroit, on trouve aussi au n° 2, rue Scribe le **Grand Hôtel Intercontinental**, palace Napoléon III qui accueille les plus grandes personnalités.

Son salon « Opéra » est très apprécié.

La célèbre **MISTINGUETT** (1875-1956) grande artiste de Music-hall du début du siècle, habita 50 ans à proximité de l'Olympia, au n°26, Boulevard des Capucines.

C'est aussi au n° 14 du Boulevard des Capucines, dans le même salon indien du Grand Café, que le physicien Wilhelm Conrad **RÖNTGEN** (1845-1923) dévoila en 1895 sa grande découverte révolutionnaire : les rayons X, qui lui valut le prix Nobel de Physique en 1901.

Pour faire connaître le cinéma et sauvegarder le patrimoine cinématographique, notamment les films muets, Henri **LANGLOIS** (1914-1977) fonda en 1936, avec Paul Auguste Harlé, la Cinémathèque française.

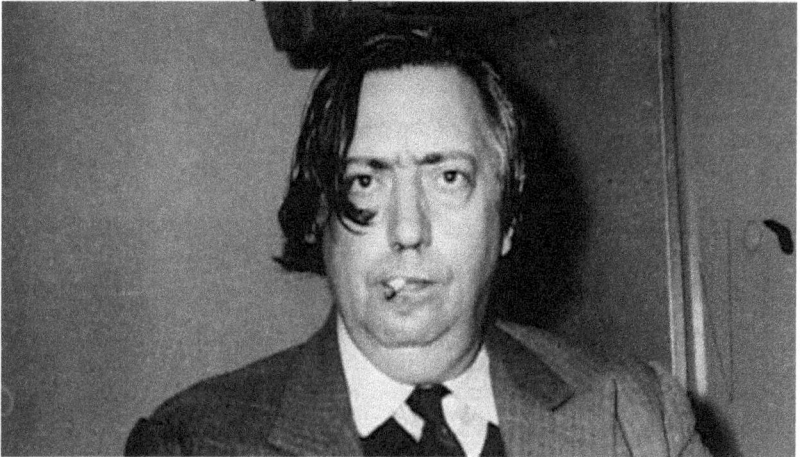

Paul Auguste Harlé fut le Président et le mécène qui finança les collections. Henri Langlois fut le secrétaire de cette Cinémathèque.

Cette Cinémathèque fut installée en 1963 dans l'aile Nord du Palais de Chaillot.

Enfin le Musée du Cinéma, couronnement des efforts d'Henri Langlois sera inauguré sur ce même site, le 14 juin 1972.

A cette date, la collection comptait déjà plus de 60 000 films.

Le 14 juin étant la Sainte-Elisée, cette inauguration est datée dans le Code par l'alignement Couronne de l'Aigle - Musée du Cinéma qui passe sur l'entrée de la rue de l'Elysée.

Comme chacun sait, les prénoms n'ont pas d'orthographe, et pour le code, encore moins…

Cette caverne d'Ali Baba du 7ème Art y restera jusqu'au 26 septembre 2005, date de son déménagement au n°51 de la rue de Bercy (12ème arr.).

Henri Langlois, fanatique du 7ème Art, collectionna toute sa vie des souvenirs matériels se rapportant au cinéma ; il reçut aussi beaucoup de dons d'objets qui ont servi dans les films.

La Place Henri Langlois (13ème arr.) se trouve près de la Place d'Italie ; alignée sur le mythique n° 14 du Boulevard des Capucines, elle forme une droite qui passe par la Cour du

Sphinx, symbole d'Archives de l'Humanité, et le centre de la Pyramide du Louvre (symbole d'importance et de durée) mais aussi entrée monumentale du Musée.

Le Parisis Code a voulu associer Henri Langlois au Bazar de la Charité, la première salle de projection improvisée qui marque le début de l'aventure du Cinéma.

Ainsi en reliant virtuellement la Place Henri Langlois à cet endroit où se déroula le drame, marqué par l'église l'Eglise Notre-Dame de Consolation, on obtient une ligne qui atteint l'Arc de Triomphe.

Affirmer que le destin d'Henri Langlois était lié au Cinéma n'est pas déraisonnable. Henri Langlois fit ses études au Lycée Condorcet, à Paris.

Que pensez-vous qu'il va se passer s'il me prend l'envie d'aligner la Place Henri Langlois sur l'entrée principale de cet établissement ?

Cette ligne croise le n° 14 du Boulevard des Capucines symbole de la naissance du 7ème Art. Circulez, il n'y a pas de coïncidence à voir par ici !

Henri Langlois est enterré au cimetière de Montparnasse à Paris. Le Grand Œil qui regarde la Place Henri Langlois crée un axe qui passe sur sa tombe (6ème division) ! Etrange !

Avant son installation au Palais de Chaillot, la Cinémathèque a connu deux autres adresses dans Paris qui obéissent à la loi du Parisis Code : en 1948, au n°7, Avenue de Messine, et en 1955, au n° 29, rue d'Ulm.

Si nous relions ces deux adresses, l'axe ainsi formé traverse la Place Henri Langlois ! Pourquoi respecter un tel alignement

L'Association Henri Langlois (fondée en 1988) se trouve au n°36, rue de Verneuil (7ème arr.), une adresse qui se trouve par bonheur sur l'axe Cours du 7ème Art - pointe du bec de l'Aigle.

Cette association a pour mission de défendre le patrimoine spirituel d'Henri Langlois. L'axe Hôtel du 7ème Art (rue Saint-Paul) - Association Henri Langlois mène à l'ex Cinémathèque du Palais de Chaillot!

Trouver des espaces importants et disponibles dans Paris ne doit pas être chose facile. Pourtant on constatera tout au long de cette étude du Grand Code, que beaucoup d'Organismes ou de Fondations parviennent à trouver au mètre près, l'immeuble ou le local rentrant dans la logique symbolique de ce Code.

L'opération doit être fort coûteuse et entraîner des négociations qui doivent paraître inexplicables puisque la véritable finalité ne peut en être dévoilée.

Etienne **MAREY** (1830-1904) fut un médecin et physiologiste français dont les recherches sur la chronophotographie sont à l'origine de l'invention du Cinéma par les Frères Lumière et par extension de la télévision.

Le Parisis Code qui sait rendre à César ce qui appartient à César, a créé un alignement sans ambiguïté : la droite qui part de l'œil de l'Aigle et rejoint la rue Etienne Marey (20ème arr.) passe par le Cours du 7ème Art pour rejoindre la rue Louis Lumière… l'autre pionnier du Cinéma !

Elle passe aussi par la rue l'Olive ! Pourquoi ? Il est né le 5 mars jour de la Saint-Olive !

Encore plus étonnant : Etienne Marey est né à Beaune. La rue Etienne Marey (extrémité Sud) alignée sur la rue de Beaune (20ème arr.) donne une droite atteignant la Maison de Radio-France… la Télévision Française (qui lui doit beaucoup) et accessoirement, la Clef de la Communication du Parisis Code ! Cette ligne passe sur l'Association Henri Langlois (36, rue de Verneuil, angle de la rue de Beaune).

Le **PARAMOUNT** (2000 places) est l'un des premières salles parisiennes consacrées uniquement au cinéma.
Cet ancien Théâtre du Vaudeville (1868) fut convertit en immense salle de cinéma le 24 novembre 1927, soit 35 ans après l'invention du Cinéma.
Il se trouve à l'angle du Boulevard des Capucines et de la rue de la Chaussée d'Antin.
L'œil de l'Aigle qui regarde cette salle, crée un axe qui traverse le lieu historique de la 1ère séance payante de Cinéma, mais aussi la véritable première salle de Cinéma, le Bazar de la Charité (1897). Le Paramount n'est qu'à 350 mètres du salon indien, le lieu de naissance !

Le **GRAND REX**, situé au n°5 Boulevard Poissonnière, est l'une des toutes premières salles de Cinéma de la capitale, c'est aussi à présent le dernier palace historique parisien. Il est né le 8 décembre 1932, cinq ans après le Paramount, situé à proximité.
Le Grand Rex est de loin la plus grande salle de Paris, avec plus de mille places.
Son plafond étoilé et son décor insolite de palais et de minarets en font un endroit véritablement magique.
Chaque fin d'année, à *Noël*, le dessin animé de Disney y est présenté en avant-première, avec en première partie, la fameuse *Féerie des Eaux*, un spectacle où des jeux d'eau dansent en musique au milieu d'un immense bassin installé à cette occasion sur la scène. Lors de ces projections, le Grand Rex réalise des scores d'entrée délirants (plusieurs dizaines de milliers de spectateurs par semaine).
Plusieurs générations de Parisiens ont découvert les plus grands films dans cette salle mythique.
Le Grand Rex est sur l'axe prestigieux reliant l'entrée de l'Opéra Garnier (boucle de l'Ankh) à l'Arc de Triomphe.

Il est sur un axe symbolique partant de la pointe du bec de l'Aigle (indiquant un point important) passant par le Palais de la Découverte (ce cinéma fait découvrir les nouveaux films) et rejoint l'aile Nord du Palais de Chaillot (Place du Trocadéro) où se trouvaient pendant 42 ans (de 1963 à 2005) la Cinémathèque Nationale et le Musée du Cinéma.

LE MUSEE DU CINEMA

Ce Musée présentait *l'histoire vivante du cinéma, des origines à nos jours et dans tous les pays.*

Affiches, photographies, manuscrits, costumes et caméras étaient présentés dans un décor recréant la magie des studios.

En 2005, le Musée du Cinéma et la Cinémathèque Nationale ont été transférés au Sud Est de Paris, 7 kilomètres plus loin, au n°51, rue de Bercy : c'est à présent la Cinémathèque Française

Mais on retrouve encore l'ombre du Musée du Cinéma du Palais de Chaillot dans plusieurs alignements en rapport avec le cinéma.

Tout d'abord, sur un même axe d'Ouest en Est qui débute à l'entrée même de ce musée, nous avons le Palais de Tokyo qui abrite dans l'aile ouest la *Fondation Européenne des Métiers de l'Image et du Son*, puis vient le lieu de la première séance historique au n° 14 du Boulevard des Capucines, le Musée Grévin, qui abrite les *momies virtuelles* de nombreux acteurs de cinéma, et enfin les Buttes- Chaumont, où étaient implantés les célèbres studios de cinéma et de télévision.

C'est l'**ACADEMIE DES ARTS ET TECHNIQUES DU CINEMA**, crée par Georges **CRAVENNE** qui organise en février au théâtre du Châtelet, la cérémonie des Césars qui récompense les meilleurs films de l'année. Cette académie se trouve au n°16, Avenue Elisée Reclus (7ème arr.).

Le choix de cet emplacement a été choisi en fonction des paramètres du Parisis Code, sur une droite très « cinéma français ». En effet il se trouve dans l'alignement Ouest de la scène même du Châtelet où sont remis en direct à la télévision, les fameux trophés sculptés par César.

Cet alignement croise à l'Est la très symbolique rue Louis Lumière (inventeur officiel du Cinéma) ; à l'Ouest, la ligne touche le pied Sud de la Tour Eiffel. Tout est dit en 4 points ; Tel est l'Art magique du Grand Code Parisien !

Le n°16, Avenue Elisée Reclus se trouve aussi sur la droite reliant la Place Henri Langlois à l'entrée principale de l'ex-Musée du Cinéma du Palais de Chaillot.

Comme on peut le constater dans le Parisis Code, certains alignements meurent, pendant que d'autres naissent.

Avec une connaissance de l'histoire de Paris, il est possible de retrouver d'anciens alignements symboliques.

Souvent même, de nouvelles lignes créées utilisent ce passé. Dans Paris, le passé ne meurt jamais vraiment.

Comme nous l'avons maintes fois répété et constaté, rien n'a l'air d'être créé au hasard dans Paris.

Un autre exemple nous est donné par une luxueuse salle de cinéma construite en 1921 et classée Monument historique en 1981 : le **LOUXOR** *Palais du Cinéma*, dernière, salle de cinéma existante à Paris, conçue pour le cinéma muet.

En travaux actuellement, la réouverture de ce Temple du 7ème Art est prévue pour 2013.

Ce cinéma à la façade néo-égyptienne est situé au n° 170, Boulevard de Magenta (10ème arr.). Elle est ornée de colonnes égyptiennes loti- formes et décorée de mosaïque à fleurs de lotus.

La droite reliant le cinéma Louxor au n° 14, Boulevard des Capucines, lieu qui connut la naissance du Cinéma, crée un axe qui passe sur la boucle de l'Ankh, et rejoint en toute logique l'Obélisque… de Louxor de la Place de la Concorde.

Le Louxor-Palais du Cinéma est de plus dans l'alignement Nord de la rue du Caire !

Un Hôtel Louxor se trouve au n°4, rue Taylor. Il se trouve sur l'axe Clef de la mise au monde - Obélisque de Louxor ; il n'y a pas de miracle !

COURS DU 7ème ART

Proche du Parc des Buttes-Chaumont (19ème arr.), nous avons la Cours du 7ème Art, clef importante du Parisis Code, pour tout ce qui touche de près ou de loin au Cinéma.

Ce nom de « 7ème Art » pour qualifier le Cinéma date de 1919 ; il fut proposé par l'écrivain français d'origine italienne Ricciotto **CANUDO** (1878-1923).

La 1ère « Star » du cinéma fut le comédien allemand Henry **PORTEN**.

L'axe de la Cours du 7ème Art a été particulièrement étudié par nos mystérieux magiciens des rues de Paris.

En effet, tout d'abord on constate que l'axe qui relie cette rue à l'entrée de l'ex Musée du Cinéma passe par l'entrée de la Cinémathèque (au Palais de Chaillot du Trocadéro) située à l'opposé.

Il passe également sur le Palais de Tokyo, siège de la F.E.M.I.S (Fondation Européenne des Métiers de l'Image et du Son).

Cet axe est rigoureusement parallèle au Boulevard des Capucines (1ère séance de cinéma historique).

Si nous traçons une ligne joignant la Cours du 7ème Art au n° 14 Boulevard des Capucines, elle traverse le Musée Grévin où se trouvent de nombreux acteurs et actrices mythiques de l'Histoire du Cinéma.

Décidément gâté par le Parisis Code, le Cinéma possède la plus longue ligne symbolique de Paris : 10,7 kilomètres !

Une démonstration tellement évidente, qu'à elle seule, elle est la preuve éclatante de l'existence de ce système.

Partant de la Cours du 7ème Art, si nous traçons un axe passant par la Pyramide « révélatrice » du Louvre, (pièce maîtresse du Code), cette ligne aboutit presque 11 km plus loin, à Boulogne Billancourt, sur le « Jardin de l'arroseur arrosé ».

Ce nom vient du titre de l'une des premières séquences filmées au monde, présentée lors de la première séance publique au salon indien du Grand Café (Boulevard des Capucines).

Autour de ce jardin, plusieurs rues et places évoquent les titres de différents films mythiques : *Le jour se lève, les Enfants du paradis, Casque d'Or, Fanfan la Tulipe, etc.*

LE « NAPOLEON » D'ABEL GANCE

Le cinéaste français **ABEL GANCE** (1889-1981) né à Paris, fait partie des pionniers du Cinéma Français et surtout du langage cinématographique en général. Il est l'inventeur de plusieurs procédés techniques comme les triples écrans.

Il a réalisé en 1927 le premier et le plus inoubliable film sur l'Empereur des français : Napoléon. Ce film fut le premier en son stéréophonique.

En effet, la rue Abel Gance (13ème arr.) qui se trouve devant la Très Grande Bibliothèque François Mitterrand n'est pas placée au hasard !
Abel Gance possède les « lignes » les plus troublantes de Paris. L'une de ces lignes est d'ailleurs relativement récente (moins de 35 ans), ce qui permet d'affirmer que les mystérieux *traceurs de ligne* de Paris sévissent encore de nos jours.
Si nous traçons de cette rue une ligne qui rejoint à 7 km à l'ouest l'entrée du Musée du Cinéma, nous pouvons admirer un

admirable travail de précision : l'axe passe exactement sur le tombeau de l'Empereur.

Il existe une petite Place Abel Gance dans le 16ème arrondissement.

Là encore, si nous relions cette place au pied de l'Ankh (les deux fontaines), cette ligne passe encore sur le tombeau de Napoléon !

On trouve aussi en banlieue, à Boulogne- Billancourt connu pour ses studios de cinéma et télévision, une Place Abel Gance qui génère elle aussi une ligne en rapport avec Napoléon. Que d'acharnement !

En effet, cette ligne de quasi 11 kilomètres relie la Cours du 7ème Art (19ème arr.) à cette place en passant par le centre de la Cour Napoléon au Louvre, où se trouve installé un monument pointu bien connu. Elle traverse aussi le Musée des Arts et Métiers qui expose le premier projecteur de Cinéma de l'Humanité.

Autre remarque : la rue Abel Gance (13ème arr.) et la place Abel Gance (Boulogne- Billancourt) sont pratiquement dans un alignement Est-Ouest. Spécialistes des calculs de probabilité, s'abstenir, un peu d'élé-Gance, voyons !

L'un des plus inoubliables comédiens populaires français, **FERNANDEL** (1903-1971), 37 ans après sa mort n'a pas encore de voie dans Paris. Néanmoins, le seul fait d'être inhumé au cimetière de Passy lui fait bénéficier d'un alignement symbolique dans le Parisis Code.

Cet alignement n'est ni plus ni moins que celui imposé par les bras de l'Ankh sur lesquels se positionne l'endroit de la première séance payante historique de l'histoire du Cinéma.

Sur cette ligne nous trouvons d'Est en Ouest : le n° 14 du Boulevard des Capucines (naissance du Cinéma), le Palais de Tokyo (Fondation Européenne des Métiers de l'Image), l'ex Musée du Cinéma et Cinémathèque Nationale (au Trocadéro), le cimetière de Passy où repose ce *monstre sacré* du Cinéma Français.

Sur cette ligne, on trouve le musée Grévin qui regroupe de nombreux clones de stars de Cinéma, où Fernandel était bien entendu représenté. Sa statue a été enlevée. Pourquoi ?

Elle avait été exposée dans les années 60, alors que la série des *Don Camillo* faisait rire la France aux éclats. C'est donc dans ce costume d'ecclésiastique qu'il fit son entrée au musée de cire.

Mais l'on s'aperçut très vite que son effigie était régulièrement lardée de piqûres d'aiguilles.

Commando de sorciers, partisans de Pépone adeptes de la magie noire ? Dans le doute, on retira discrètement et à jamais la statue « envoûtée »...

Autre raffinement : la ligne qui joint le tombeau de Fernandel à la rue du 7ème Art passe par la rue François 1er ; Fernandel fut en 1937, la vedette du film de Christian Jaque : *François 1er*.

Fernandel a tourné plusieurs films avec Marcel Pagnol : *Regain, le Schpountz*.

Marcel **PAGNOL** (1895-1974) fut un écrivain et cinéaste français, auteur de la fameuse Trilogie marseillaise (Marius, César, Fanny).

Le square Marcel Pagnol, la rue de Provence et la rue de Marseille sont alignés.

Le Square Marcel Pagnol (8ème arr.) et la Place Marcel Pagnol à Boulogne-Billancourt sont sur une ligne qui passe au centre de la Tour Eiffel.

La droite joignant la Place Marcel Pagnol au n°14, Boulevard des Capucines (naissance du Cinéma) passe par la boucle de l'Ankh et atteint la rue de Provence !

C'est en 1929, dans la rue Blanche, au Petit Théâtre de Paris (nom actuel) que Marcel Pagnol connut le triomphe universelle avec la pièce *Marius*.

Le Code nous le montre clairement : l'axe Zénith - Petit Théâtre de Paris atteint le Square Marcel Pagnol !

Le 27 mars 1946, Marcel Pagnol fut admis à l'Académie Française au fauteuil 25 de Maurice Donnay ; ce fut la première réception filmée.

Le Square Marcel Pagnol aligné sur l'entrée de l'Académie Française (face au pont des Arts), passe sur l'Arc de Triomphe du Carrousel !

En partant de la base de l'œil de l'Aigle (Buttes-Chaumont), si l'on trace une ligne passant par le Square Marcel Pagnol, on atteint l'endroit où il s'éteignit en 1974 : au n°16 du Square Foch (16ème arr.).

L'œil de l'Aigle des Buttes-Chaumont qui regarde le Square Marcel Pagnol, crée un axe qui atteint l'Arc de Triomphe !

Charlie Chaplin (1889-1977) célèbre pionnier du Cinéma américain est né à Londres.

Il incarna aux Etats-Unis, pendant de nombreuses années le personnage burlesque de **CHARLOT**.

Charlot soldat, en 1918, fut le 30ème film de l'Histoire du Cinéma.

Paris possède une rue Charlot (3ème arr.). Ne nous demandons pas si ce nom concerne ce célèbre Charlot ; cela n'a aucune importance.

On sait que dans le Parisis Code, seul compte ce qu'évoque le mot ou le jeu de mot.

Seul le résultat de l'alignement nous indique si c'est bien ce personnage qui veut être mis à l'honneur.

En ce qui concerne Charlot, il ne peut persister aucun doute, car la mise en scène de sa rue (cachée) a été particulièrement soignée. Jugez-en : la rue Charlot est orientée sur l'œil du Parc des Buttes-Chaumont, synonyme de Studios de Cinéma (entre autre).

Charlot au Musée Grévin

L'axe Cours du 7ème Art - pointe du bec de l'Aigle (point important) mène à la rue Charlot.

La rue Charlot est dans l'alignement Est de l'ex Musée du Cinéma et de la Cinémathèque (au Trocadéro) mais aussi du Palais de Tokyo (Fondation Européenne des Métiers de l'Image et du Son).

Enfin, si nous traçons une ligne joignant la rue Charlot à la rue de Londres, la ville où il est né, celle-ci passe sur le Musée Grévin où l'on peut l'admirer en costume et en 3 dimensions, plus vrai que nature !

Le nom de *Charlot* fut longtemps synonyme de bourreau à cause d'une dynastie : les *Sanson*, qui se prénommaient tous Charles de père en fils et exerçaient le métier de bourreau (c'est un *Charlot* qui exécuta Louis XVI).

La rue Charlot semble avoir un double sens, pour le Code. La droite joignant le Square Louis XVI à cette rue Charlot passe sur la boucle de l'Ankh, ce qui pourrait être une confirmation.

L'extrémité de cette rue alignée sur le Parvis du Trocadéro évoquant l'entrée dans la Vie, donne une ligne traversant la pyramide inversée.

Il faudrait alors comprendre par cet habile processus que les Charlot faisaient sortir de la Vie les condamnés.

La fin de la rue Charlot alignée sur la rue Cour du Commerce-Saint André des Arts où fut inventée la Guillotine, donne un axe qui passe tout juste sur la Place de l'Hôtel de Ville, ancienne Place de Grève où se tenaient en général les exécutions capitales.

Le couple mythique du cinéma français, Simone **SIGNORET** et Yves **MONTAND** possède la Promenade Signoret-Montand dans le 19ème, le long du Bassin de la Villette.

Cette promenade est bien entendu dans l'alignement nord de Belleville où a vécu Montand, et de Ménilmontant, qui lui a donné son nom.

L'axe qui part du début de cette promenade en direction du centre de la Maison de Radio- France, symbole de la télévision où ils furent (et sont encore) de grosses vedettes, passe par la Tour Eiffel et… l'Olympia.

Le plus incroyable, concerne Simone Signoret (1921-1985), enterrée au cimetière du Père Lachaise et qui partage son caveau avec Yves Montand.

Le film inoubliable qui fit d'elle une des plus grandes comédiennes françaises est *Casque d'Or,* tourné en 1952 par Jacques Becker. Il existe à Paris dans le 20ème arrondissement un Jardin Casque d'Or. Celui-ci est indirectement lié à ce film et à cette comédienne. Ce jardin sert à la mise en scène du Parisis Code !

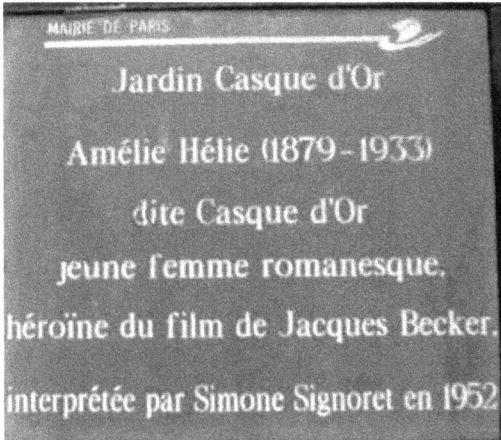

Démonstration : si nous traçons un axe Jardin Casque d'Or - caveau Signoret-Montand (cimetière du Père Lachaise), nous atteignons la Promenade Signoret Montant, à 4 km au nord !

Soyons sérieux, admettons qu'il ne peut s'agir d'un concourt de circonstance.

En plus, Simone Signoret tourna en 1956 le film de Luis Bunuel : *La Mort en ce jardin…*

Yves Montant (1921-1991) tourna en 1958 avec le réalisateur Jules Dassin, le film *La Loi.*

Il existe à Paris dans le 20ème arr, une Impasse de la Loi n'ayant elle aussi, rien à voir ni avec le film, ni avec ce comédien ; et pourtant...

Ici aussi l'alignement est tout aussi spectaculaire (et pour cause), en rapport avec sa tombe qu'il partage avec Simone Signoret.

Une explication s'impose, tout aussi extraordinaire : les deux titres de film cohabitent comme les deux amants dans le tombeau ; en effet, le Jardin Casque d'Or et l'Impasse de la Loi se touchent !

Marlène **DIETRICH** (1901-1992) célèbre comédienne d'origine allemande, inoubliable dans *l'Ange bleu*, possède sa place à Paris (16ème arr.) qui, alignée sur l'œil de l'Aigle nous fournit une droite passant par le Rond-point des Champs-Elysées (clé de célébrité) et par le milieu de la boucle de l'Ankh.

Son immense succès *Lili Marleen* (de Lale Andersen) devint l'hymne officieux du régime nazi... et l'indicatif de Radio Belgrade. Il fut également le chant de la résistance polonaise.

La Place Marlène Dietrich est à 500 mètres de l'ex-Quartier général de la Gestapo (93, rue Lauriston). Ces deux sites forment d'ailleurs un axe amenant sur la Place de la Résistance.

Une autre ligne consacrée à sa carrière cinématographique fait intervenir la Cours du 7ème Art. Cet alignement traverse le 14, Boulevard des Capucines (1ère séance de cinéma de l'humanité) et le Musée Grévin où elle figure en bonne Place.

La ligne traverse aussi l'Eglise de la Madeleine. Pourquoi ? Son véritable prénom était *Maria Magdalena* !

Sur la Place Marcel Aymé, à Montmartre, le comédien et sculpteur Jean Marais (1913-1998) ami intime et fils spirituel de Jean **COCTEAU**, a réalisé en 1999 une œuvre originale illustrant la nouvelle, écrite par l'écrivain Marcel Aymé : **LE PASSE MURAILLE** (1943).

Cette statue représentant le corps d'un homme semblant sortir d'un mur, possède une double lecture liée au passage à travers la matière.

Dans ce personnage, on reconnaît nettement les traits de Marcel Aymé. On dit par ailleurs, que les longues mains décharnées de la statue seraient caractéristiques de celles de Jean Cocteau...

D'autre part, l'artiste et sculpteur Jean Marais a joué en 1950 dans un film de Cocteau, appelé *Orphée* dans lequel il *passe à travers le miroir*...

Jean Cocteau, personnage passionné d'ésotérisme aurait été Grand Maître du Prieuré de Sion à partir de 1918. Il disait : *Ma Patrie n'est pas de ce Monde*. La sculpture de Jean Marais n'est pas, comme on pouvait s'en douter, installée n'importe où.

Le prétexte du Passe muraille associé au roman de Marcel Aymé est une trouvaille astucieuse qui joue avec les doubles sens pour mieux masquer la réalité : celle d'une intervention symbolique du Parisis Code, soit en accord avec Jean Marais, soit par « téléguidage », à son insu, ce qui est encore plus mystérieux.

En effet, si nous traçons une ligne de 8,4 kilomètres joignant la rue Jean Cocteau (18ème arr.) au Square Jean Cocteau (15ème arr.) nous avons la surprise de constater qu'elle traverse la petite Place Marcel Aymé, précisément sur notre fameuse sculpture de Jean Marais.

Ce qui exclut, vous en conviendrez toute éventualité de coïncidence.

Cet axe passe à moins de 50 mètres du Monument Esotérique (Franc-maçon) du Champs de Mars.

Un autre alignement fort étrange concerne *l'autre côté du miroir*. Pour le comprendre, il faut se remettre à l'esprit que la boucle de l'Ankh est une sorte de miroir.

Le mot-clé de cet alignement est *Alice*, l'héroïne du roman de Léwis Carroll (1832-1898), *Alice au Pays des Merveilles* (1865) et *De l'autre côté du miroir* (1872). Cet écrivain (franc-maçon) fut très prolifique ; il écrivit 98 721 lettres !

Si nous traçons une ligne de 7 kilomètres joignant le Square Alice (14ème arr.) au Square Marcel Aymé (sculpture de l'homme qui traverse le mur), celle-ci traverse le *miroir*, la boucle de l'Ankh. Extraordinaire coïncidence téléguidée, convenons-en !

LA FONTAINE EMERGENTE

Il existe depuis peu, sur la Place Augusta Homes (quartier chinois -13ème arr.), une autre sculpture similaire baptisée *La danse de la Fontaine Emergente*, œuvre posthume de l'artiste chinois Chen Zhen. Ici, c'est un dragon monumental et futuriste qui sort du mur de l'usine souterraine de production d'eau de Paris. La bête pénètre et ressort du sol sur plusieurs mètres…

Il serait orienté Nord-Ouest/Sud-Est entre Seine (le Yin) et le Soleil (le Yang), puisant sa force symbolique dans la poésie de l'eau mêlée à la lumière….

L'axe formé par le Grand Bouddah de Paris et ce Grand Dragon nous amène sur la "Pagode", une des bâtisses les plus insolites de la Capitale…

LA PAGODE PARISIENNE

Il existe en effet, au n° 57 bis de la rue de Babylone (7ème arr.), une magnifique pagode japonaise construite en 1897 par le directeur du *Bon Marché*, l'un des plus grands magasins de Paris. C'était un cadeau pour son épouse adorée…

Cette pagode rouge fut jusqu'en 1928, le théâtre de fêtes à caractère oriental. En 1930, elle faillit même devenir l'ambassade de Chine à Paris !

En 1931, elle fut finalement transformée en salle de projection (212 places) pour cinéma d'art et essai ; Jean Cocteau y donna la première de son *Testament d'Orphée,* en 1959.

La pointe du bec de l'Aigle forme, avec cette pagode classée monument historique, un axe qui traverse la Place de Pékin et le Square Jean Cocteau.

Allez savoir pourquoi… en reliant cette pagode au centre de la boucle de l'Ankh, on tombe sur la rue Jean Cocteau !

Cette pagode se trouve sur la droite joignant le Jardin japonais de l'Unesco aux rues de la Chine et du Japon.

Le réalisateur de Cinéma Marcel **CARNE** (1906-1996) n'a pas de voie dans Paris. Par contre, ses 2 plus grands films, *Le Jour se lève* et *Les Enfants du Paradis* ont droit à leur voie à Boulogne-Billancourt, banlieue Sud-Ouest de Paris.

Ces deux voies, alignées sur la tombe de Marcel Carné au cimetière Saint-Vincent, à Montmartre, forment une droite qui traverse la Tour Eiffel et le Rond-point des Champs-Elysées, Clef de la Célébrité. Non, Marcel Carné n'a pas été boudé par le Code !

Le chef-d'œuvre de Carné et Prévert, *Les Enfants du Paradis* a été élu meilleur film de tous les temps par les critiques français à l'occasion du centenaire du Cinéma.

Le code nous le confirme : la droite joignant la rue des Enfants du Paradis à la Cours du 7ème Art passe sur la pointe du bec de l'Aigle, qui indique un point très important !

Ce film raconte l'histoire d'un mime fameux et d'un grand acteur, Frédérick Lemaître, depuis leurs débuts de carrière jusqu'à la célébrité, de l'amour qu'ils portent en commun à la belle Garance (jouée par Arletty).

Le Sphinx nous précise que c'est bien du véritable Frédérick Lemaître dont il s'agit dans ce film.

En effet, la rue des Enfants du Paradis alignée sur la Cour du Sphinx » forme un axe qui nous amène sur le Square Frédérick Lemaître !

Le célèbre film français de Marcel Carné, *Hôtel du Nord*, fut tourné en 1938. On se souvient tous de la savoureuse réplique d'anthologie de la prostituée Madame Raymonde (joué par la comédienne Arletty) : *Atmosphère, atmosphère est-ce que j'ai une gueule d'atmosphère ?*

ARLETTY (Léonie Bathiat) (1898-1992) tourna cette scène à Boulogne-Billancourt dans les décors artificiels représentant le véritable Hôtel du Nord situés à Paris, au n° 102, Quai de Jemmapes, face aux ponts enjambant le Canal Saint-Martin.

Pour laisser dans Paris une trace historique de cette réplique culte tellement parisienne, le Parisis Code a créé une ligne utilisant la clef symbolique consacrée au cinéma : Cours du 7ème art.

De ce fait, l'axe qui unit cette rue au 102, Quai de Jemmapes atteint… la Tour Eiffel !

En reliant l'Hôtel du Nord au 14, Boulevard des Capucines, lieu historique lié à la découverte du cinéma, l'axe ainsi formé atteint la Clef de la Célébrité : le Rond-point des Champs-Elysées !

Dans le quartier de la Défense, il y a une rue Arletty ; elle est née en effet à Courbevoie, au n°33, rue de Paris. Arletty habitait au n°14, rue de Rémusat; c'est là qu'elle est morte en 1992.

En joignant ces 2 adresses, la droite passe sur la pointe de l'île de Puteaux, (face au Temple de l'Amour de la Grande Jatte), à l'endroit exact où sa mère, blanchisseuse faisait sa lessive !

On remarquera que la ligne joignant la rue de Rémusat à Cours du 7ème Art traverse le Canal Saint-Martin à moins de 150 mètres de l'Hôtel du Nord.

En 1939, Arletty fut l'inoubliable interprète de *Le jour se lève* de Marcel Carné. Confirmé par le Code également : la droite Avenue le jour se lève (Boulogne-Billancourt) - rue de Rémusat atteint au Nord, l'Arc de Triomphe !

Le rôle le plus marquant d'Arletty, et le point culminant de sa carrière d'actrice, reste sans conteste son interprétation de Garance dans *Les Enfants du paradis* (1943), de Marcel Carné.

Le code nous le confirme d'une manière explicite.

En effet, la rue des Enfants du Paradis (Boulogne-Billancourt) alignée sur sa dernière adresse rue de Rémusat, crée un axe qui mène tout droit sur l'Arc de Triomphe ! Le Code n'a même pas oublié le nom de Garance ! L'œil de l'Aigle qui regarde la rue Arletty, forme une ligne qui suit sur toute sa longueur la Villa Garance (9ème arr.).Le Code va plus loin : la ligne rue des Enfants du paradis - Villa Garance passe sur le sommet de l'Ankh. Quel honneur ! Enfin, chose étonnante, en créant un axe rue Arletty - rue de Paradis, on tombe directement sur le fameux Hôtel du Nord !

Gérard Philipe sa ligne dans Paris...

GERARD PHILIPE (1922-1959) fut un célèbre acteur et artiste français. Acteur exceptionnel et généreux, mort prématurément à l'âge de 37 ans, il est devenu un homme de légende ; le visage de la jeunesse pour l'éternité

La rue Gérard Philipe (16ème arr.) honorant ce célèbre comédien des années 50, alignée sur le Cours du 7ème art, passe par la boucle de l'Ankh.

La ligne la plus parlante le concernant, est celle qui, partant de la rue Gérard Philipe rejoint le bec de l'Aigle (parole et point important) en passant par la Rond-Point des Champs-Elysées (célébrité) et le Conservatoire National d'Art Dramatique, où il obtint le second prix de comédie en 1943.

L'œil de l'Aigle qui regarde la rue Gérard Philipe, passe sur l'extrémité de la rue de Paradis, rue où il habita en 1943, lorsque ses parents s'installèrent à Paris.

La naissance de Gérard Philipe, le 4 décembre 1922, jour de la Sainte-Barbe, est inscrite dans le Code. L'axe Bout du Phallus (clef de la création) - rue Gérard Philipe, atteint le Collège Sainte Barbe !

Gérard Philipe fit ses débuts en 1942 au Casino de Nice dans une pièce d'André Roussin. Le Sphinx nous montre qu'il y a effectivement un rapport entre cet acteur et la ville de Nice.:

L'axe rue Gérard Philipe - Cour du Sphinx nous dirige sur la rue de Nice.

Par une étrange coïncidence, la rue Gérard Philipe se trouve dans l'alignement Sud de la Marie de Neuilly où il se maria en 1951.

Gérard Philipe fit les beaux soirs du Théâtre Hébertot (78, Boulevard des Batignoles, dans le 17ème arr.), nom prestigieux dans l'histoire du Théâtre Français. C'est confirmé par le Code.

En effet l'axe joignant ce théâtre à la rue Gérard Philipe traverse l'Arc de Triomphe !

C'est amplement justifié puisque c'est la pièce *Sodome et Gomorrhe* de Jean Giraudoux, jouée au Théâtre Hébertot en 1943, qui le révéla au Grand Public ; il n'avait que 21 ans et jouait le rôle de l'Ange.

Ce détail important figure de manière flagrante dans le code puisque l'œil de l'Aigle qui regarde la rue Gérard Philipe coupe en plein milieu la rue Jean Giraudoux (16ème arr.).

« Caligula », première pièce d'Albert Camus fut son second triomphe sur ces mêmes planches, en 1945.

En 1952, grâce au film *Fanfan la Tulipe*, il devint une idole héroïque aux 4 coins du monde.

A partir de 1958, Gérard Philipe devient président du syndicat français des artistes-interprètes (SFA-CGT - situé n°1 rue Janssen - 19ème) où il se révèle être un grand chef syndical pour les métiers artistiques du Théâtre et du Cinéma (7ème Art).

La droite rue Gérard Philipe - rue Janssen (n°1) forme un axe qui traverse la boucle de l'Ankh (clef principale du code et Opéra de Paris !), en passant par le Cours du 7ème Art, le bec de l'Aigle (clef de la parole), et enfin l'entrée du Palais de l'Elysée ! Une ligne on ne peut plus loquace pour ce comédien béni des Dieux !

Gérard Philipe est mort à 37 ans, le 25 novembre 1959, à son domicile parisien au 2ème étage du n°17, rue de Tournon (6ème arr.).

Il est inhumé, à sa demande, paré du costume du « Cid » (de Corneille) qu'il incarna avec brio au Théâtre National de Chaillot en 1951. Il repose au petit cimetière de Ramatuelle (Var, Côte d'Azur).

Fantastique message du Parisis Code : la droite joignant la rue Gérard Philipe à la rue Corneille passe sur l'adresse où il est décédé et sur le Palais de Chaillot où il joua très souvent les dernières années de sa vie.

Quel est **L'AVENIR DU CINEMA** ? Le Parisis Code qui ne manque pas d'humour ni de bon sens répond à sa façon, en se servant comme clé de la rue appelée Cité de l'Avenir.

Si nous traçons une ligne joignant la Cours du 7ème art à la Cité de l'Avenir, elle nous mène à la porte principale de la Grande Bibliothèque François Mitterrand en traversant le Ministère de l'Economie des Finances et de l'Industrie de Bercy !

Effectivement l'avenir du cinéma se trouve dans la création et le financement.

Il est très surprenant de retrouver le mot **ODEON** associé à la 1ère séance de cinéma de l'Histoire, dans un alignement particulier à la sauce Parisis Code.

En effet, le Théâtre de l'Odéon et la Place de l'Odéon se trouvent dans l'alignement sud de l'axe de l'Ankh par rapport au n° 14 du Boulevard des Capucines (1ére séance publique).

Le peintre André **MASSON** (1896-19..) a réalisé le plafond du théâtre de l'Odéon, à Paris. La Place André Masson (13ème arr.) alignée sur l'Odéon crée une ligne qui traverse l'Ecole Supérieure des Beaux-Arts.

Nous allions oublier Georges **MELIES** (1861-1938), illusionniste et cinéaste qui inventa les trucages cinématographiques et construisit le premier studio de cinéma de l'Histoire. Il assista aux 1ères séances des frères Lumière.

Le Square Méliès, aligné sur le Cours du 7ème Art, génère une ligne qui atteint les Buttes-Chaumont (1er studios de cinéma).

Sa tombe au Père Lachaise, alignée sur le lieu de la 1ère séance de cinéma (Boulevard des Capucines) donne un axe passant par la Place de l'Etoile. L'étoile (star en anglais) a toujours qualifié les « Grands » du cinéma.

C'est sur l'Ankh, au n°8 du Boulevard des Italiens, au sein du Théâtre Robert Houdin à la veille de noël 1896 que naquit officiellement le film d'horreur.

Il s'agissait d'un film de Georges Méliès, d'une durée de 2 minutes, intitulé : *Les spectres et le manoir du Diable*.

Dans un château antique, une chauve-souris se métamorphose en Méphistophélès....

Avec la fortune paternelle, Georges Méliès (1861-1938) avait acquis en 1888 ce théâtre Robert-Houdin, haut lieu de l'illusion et du spectacle et écrin idéal pour son imaginaire débridé.

Robert-Houdin (1805-1871), père de la magie moderne, était une source d'inspiration intarissable pour Méliès qui collectionne ses appareils et reprend sur scène nombre de ses tours, escamotage, automates et trucages.

C'est dans ce théâtre Robert Houdin que furent réalisés la plupart des films de Méliès, jusqu'en 1913.

Petite parenthèse, pour vous faire remarquer que ce théâtre est dans l'alignement ouest de la rue Robert Houdin, et à 2.7 kilomètres !

Rappelons que Méliès, l'un des pionniers du Cinéma fut présent au Grand Café (salon Indien) pour assister à la naissance du Cinéma !

En reliant la tombe de Georges Méliès (au Père Lachaise, division 64) au n°29 Boulevard Saint- Martin, adresse où il est né, on forme un axe qui atteint avec précision le n°8 du Boulevard des Italiens (Théâtre Robert Houdin) qui lui servit de studio de cinéma pour réaliser la plupart de ses films.

Une prédestination vraiment troublante quand on sait que le caveau de famille (Genin) où il repose existait depuis 1885, soit trois ans avant l'acquisition du Théâtre !

La concession fut créée à l'occasion du décès de sa mère.

Cet axe passe sur le sommet de l'Ankh (la croix de Vie) mais rejoint également à l'Est de Paris le Stade Louis Lumière, en coupant la rue Louis Lumière, dédiés à l'inventeur du Cinématographe !

L'axe passe aussi sur la rue de la Lune, évoquant l'un des courts métrages les plus célèbres de Méliès : *Le voyage dans la Lune (1902)* adapté du fameux roman de Jules Verne.

Ce film de 14 minutes fut entièrement réalisé au Théâtre Robert-Houdin.

L'image associée au film est devenue célèbre. Elle représente une lune au visage humain percutée par un obus...

Détail amusant : la rue de la Lune (créée en 1648) mesure 267 mètres de longueur soit approximativement la même longueur que le film de Méliès : 257,56 mètres.

Le premier film de l'Histoire évoquant la Lune... Quelle coïncidence ! Plus étrange encore, la ligne se dirige sur Montreuil (Seine-Saint-Denis). Pourquoi?

Méliès construisit le premier studio de Cinéma de l'Histoire, à Montreuil-sur-Seine, au n°74 bis, boulevard de l'Hôtel-de-Ville (plus tard avenue Wilson).

L'importance de Montreuil et de Méliès dans l'histoire du Cinéma transparait dans le code, grâce à la ligne reliant le Square Georges Méliès à l'Hôtel Scribe (ancien Grand Café) où naquit officiellement le Cinéma.

Cette ligne passe en effet sur l'extrémité de la rue de Montreuil !

Ce n'est pas tout, cet axe nous en donne plus, car il atteint la rue, la Place et le Théâtre Édouard VII ! Ce n'est pas innocent.

En 1901, Georges Méliès filme le sacre d'Édouard VII (1902) en mêlant les scènes de fiction, avec des figurants (un blanchisseur parisien joue le rôle du roi), et un tournage in situ, à la sortie de l'abbaye de Westminster.

Cet exploit vaut au cinéaste d'être invité par la famille royale...

Pour Edgar Morin, Georges Méliès est le prestidigitateur qui mit le cinématographe dans son chapeau pour en sortir le cinéma.

En 1900, il fonde la première Chambre syndicale des éditeurs cinématographiques dont le siège social est au Théâtre Robert-Houdin.

Méliès, ruiné en 1925 en fut réduit à tenir, avec sa nouvelle compagne (qui fut aussi son actrice fétiche), un magasin de jouets de la gare Montparnasse...

Clin d'œil à cet épisode peu reluisant, le Square Georges Méliès se trouve dans l'alignement Est de l'actuelle gare Montparnasse.

Méliès retiré dans une maison de retraite d'Orly, est mort d'un cancer à l'Hôpital Léopold-Bellan, à Paris.

Autre détail troublant : il existe à Paris un Collège Georges Méliès situé au n°43-45, rue de Tanger.

Quel est la probabilité que celui-ci se trouve sur un axe en rapport avec Georges Méliès ?

Une chance sur 300 000 ? Eh bien si nous créons cet axe joignant le Square Georges Méliès à sa tombe, celui-ci rejoint 6 kms plus loin, comme par miracle, le collège Georges Méliès.

Qui l'a voulu ainsi et pourquoi ?

Les Amis de Georges Méliès ont leur siège au n° 11 Rue Belzunce à Paris (10ème arr.).

Curieusement, cette adresse alignée sur la tombe de Méliès forme un axe qui atteint la Porte de Montreuil !

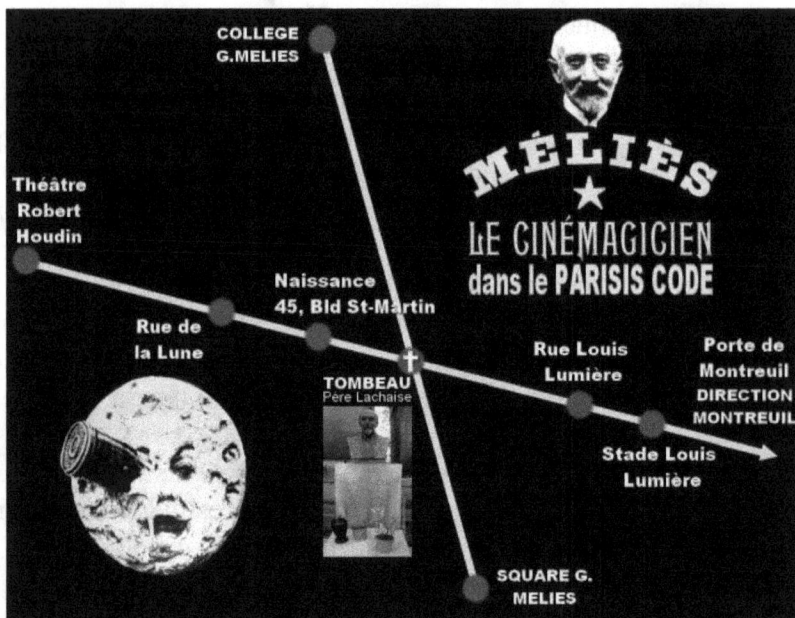

Le jeune Georges Méliès se passionna pour la prestidigitation à Londres dès 1884.

Il se révèle très habile dans l'art de l'illusion, qu'il exerce au cabinet fantastique du musée Grévin.

C'est d'ailleurs dans ce musée, au Théâtre optique que vous pouvez encore rendre visite à sa "momie virtuelle" en cire.

L'oeil de l'Aigle qui regarde l'emplacement où se trouvait le théâtre Robert-Houdin passe exactement sur cette effigie de Méliès! Troublant n'est-ce pas?

L'étoile noire était le symbole de sa marque *Star Film* ; à cette époque, on ne parlait pas encore de *Star de Cinéma...*

Méliès qui a réalisé environ 600 courts métrages, était vraiment un visionnaire !

Beaucoup de ses films furent fondus et transformés en talonnettes... pour les chaussures ! Etrange, lorsque l'on sait que Georges Méliès était le fils d'un fabriquant de bottines de luxe.

René **GOSCINNY** (1926-1977) n'était pas cinéaste mais scénariste numéro un de la B.D française. Il créa en 1959 avec le dessinateur Uderzo le petit personnage gaulois appelé Astérix. Ce fut un triomphe !

Devenu symbole des français, on baptisa même le 1er satellite français : Astérix !

Restant à fond dans l'humour gaulois, le Parisis Code a créé pour ce scénariste un alignement très amusant.

En effet, si l'on trace une droite reliant la rue René Goscinny (13ème arr.) à l'Arc de Triomphe, celle-ci traverse les Arènes de Lutèce (les jeux du cirque romain de Paris)... en plein centre !

Le Grand Œil qui regarde la rue René Goscinny crée un axe qui atteint la rue de l'Armorique et la rue Vercingétorix (le chef des Gaulois).

L'Armorique était, à l'époque gauloise, une vaste confédération de peuples gaulois s'étendant entre-autre sur les cinq départements de la Bretagne historique. C'est là que se situe l'action des aventures d'Astérix et Obélix.

Les Arènes de Lutèce

Pour célébrer les cinquante ans d'Astérix, Lutèce, a accueilli du 29 octobre au 8 novembre 2009, des menhirs et des installations inspirées de la bande-dessinée. C'était une scénographie en plein air de Yvan Hinnemann.

Sur la Place de la Concorde, un faux menhir en carton-pâte de onze mètres de haut était posé sur un piédestal orné de cartouches dorés, comme sur le véritable "obélix".

Souvenir d'Egypte, obélisque et échafaudage avec la pancarte: "Carrière Obélix. Attention sortie de menhirs".

L'humour décalé d'Uderzo et de Goscinny était bien là. L'axe Arène de Lutèce - centre Place de la Concorde (où se trouvait le faux menhir) atteint la rue René Goscinny!

Source : Archeologue.over-blog.

LES CESARS DU CINEMA FRANÇAIS

Le sculpteur contemporain français César Baldaccini dit **CESAR** (1921-1998), fut un spécialiste de la sculpture métallique, des compressions. Il est mort à Paris dans son appartement, à l'âge de 77 ans et il est enterré au cimetière de Montparnasse, 3ème division, 3ème section. Sur sa tombe, s'élève une réduction d'une de ses sculptures : le Centaure. A Paris, il vivait au n° 9, rue de Grenelle (7ème arr.).

Le 13 novembre 2007, la Mairie de Paris a pris la décision d'offrir une rue César à l'artiste, dans le quartier de Saint-Germain-des-Prés. En 2012, cette promesse n'est pas encore respectée…

Par contre le 14 février 2011, une plaque a été apposée en présence de diverses personnalités et du maire Delanoë.

Le Centaure : César a réalisé en 1983, le *Centaure*, œuvre de 5 mètres de hauteur à l'occasion d'un hommage à Picasso.

Cette sculpture (commande de la Ville de Paris) est placée depuis 1985 à l'angle rue de Sèvre - rue du Cherche Midi (Place Michel Debré, anciennement Carrefour de la Croix Rouge), proche du lieu où il habitait (9, rue de Grenelle).

Pour nous confirmer que la création du Centaure est liée à Picasso, la sculpture est placée exactement dans l'alignement Nord de la Place Pablo Picasso.

Le *Centaure*, œuvre monumentale implantée en un lieu plutôt exigu scandalisa par son excentricité et sa cocasserie.

Le Centaure cache un message : en effet, si l'on trace un axe reliant le centaure de la tombe de César et celui de la Place Michel Debré, on tombe automatiquement sur le n° 9, rue de Grenelle !

La sculpture monumentale du *Centaure* devait normalement être édifiée Place du 18 juin (à Montparnasse).

Si tel avait été le cas, l'alignement obtenu aurait été radicalement différent, mais beaucoup plus énigmatique. L'axe aurait traversé plusieurs ministères-clefs de la France, dont Matignon avec un aboutissement sur le Palais de l'Elysée !

Il faut préciser que César était un ami de François Mitterrand, Président de la République de 1981 à 1995...

Dans la Symbolique, le *Centaure* est l'image de la double nature de l'homme, mi-bête, mi-animal. Image de l'inconscient qui devient maître de la personne et la livre à ses impulsions.

Dans l'île Saint Louis, au n°45 du Quai de Bourbon, on trouve la *Maison du Centaure* qui fut la demeure de l'architecte François Le Vau (frère de Louis), appelée ainsi à cause de 2 médaillons représentant le combat d'Hercule contre les Centaures.

Message ou coïncidence ? Si nous relions le *Centaure* de César (Place Debré) à cette maison, la ligne passe exactement sur l'entrée principale de Notre-Dame de Paris !

La tombe de César au cimetière de Montparnasse, sur laquelle figure une reproduction réduite de son *Centaure*, est exactement dans l'axe du Champs de Mars, débutant sur l'Esplanade de la Défense, le quartier futuriste de Paris.

Sur l'Esplanade, on peut admirer sa sculpture la plus célèbre et la plus monumentale : un pouce métallique de 12 mètres de haut !

César est né le 1er janvier 1921, jour de la Sainte-Marie. Ce détail figure dans le Code. La droite joignant le bout du Bassin-Phallus (clef de la création) à la Villa Sainte-Marie ou du début de l'Avenue Sainte-Marie, passe par l'adresse de César, le n° 9, rue de Grenelle !

Il est né à Marseille. L'œil de l'Aigle qui regarde la rue de Marseille passe sur son adresse à Paris !

En tant que sculpteur, César bénéficie d'un alignement en rapport avec la rue Saint-Luc (saint-patron des sculpteurs).

L'axe reliant le n° 9, rue de Grenelle et la rue Saint-Luc traverse la Pyramide du Louvre et la Tour Maine-Montparnasse. Signe que César était un grand sculpteur.

César a suivi les cours de l'Ecole des Beaux-Arts à Marseille et à Paris.

La droite reliant l'entrée de son habitation parisienne à l'entrée de l'Ecole des Beaux-Arts, atteint le Pont des Arts.

LA CEREMONIE DES CESARS

C'est le 3 avril 1976 (Saint-Richard) que fut créé le premier *César du Cinéma*, trophée métallique réalisé par le sculpteur César, qui récompense les meilleurs films de l'année. Le premier président fut Jean Gabin.

La cérémonie de remise des *Césars* a lieu chaque année, en février, au Théâtre du Châtelet, à Paris.

La droite reliant l'œil de l'Aigle à l'Impasse Richard passe sur le Châtelet !

Concernant le rapport de César avec le Cinéma, nous abordons une des plus grandes énigmes du Parisis Code.

Une des révélations qui pose le délicat problème de l'origine non-humaine du Code, même si l'intervention indirecte de Napoléon est de plus en plus avérée.

En effet, comment César a-t-il pu s'installer à Paris, à une adresse sur laquelle se croise autant de lignes prophétiques concernant son avenir et les symboles attachés à son nom ?

Comme nous l'avons expliqué précédemment, la pointe du bec de l'Aigle, correspond entre autre, au burin du sculpteur ; il est naturellement en relation avec les sculpteurs et la rue qui traverse cette pointe est d'ailleurs, en guise de confirmation, celle d'un grand sculpteur de l'Empire.

Si nous relions le Cours du 7ème Art à l'adresse parisienne de César, on est étonné que la droite passe justement sur cette pointe, lui qui a précisément sculpté le trophée du Cinéma !

Ce n'est pas tout : le Musée du Cinéma et la Cinémathèque Nationale qui se trouvait au Palais de Chaillot (Trocadéro), a été transféré au 51, rue de Bercy.

Par quelle étrange coïncidence, la ligne joignant ces deux adresses peut-elle traverser le n° 9, rue de Grenelle ?

On peut également constater que les studios de cinéma de Boulogne Billancourt, alignée sur l'adresse de César atteint la Place du Châtelet où sont remis les *César du Cinéma* !

Portrait d'un « César »

A l'origine, un seul projet fut présenté par César à Georges Cravenne. Le modèle n'a subi aucune modification !

Chaque pièce est une œuvre d'art d'une hauteur de 30 cm sur une base de 8 sur 8 cm. L'objet est creux, en bronze naturel poli et pèse 3,2 kilos.

19 Césars sont attribués chaque année, mais 25 sont fabriqués dans l'Atelier Bocquel en Seine Maritime. Il faut 15 heures pour fabriquer un *César*.

A l'heure où j'écris ces lignes, le choix de l'emplacement de la rue César n'est pas encore fixé.

Personnellement, je pense qu'elle devrait être formée par une portion amputée du début de la rue de Grenelle comprise entre la Place Michel Debré et la rue des Saints-Pères. Une rue qui mesurerait à peu près 70 mètres.

Amusante coïncidence : le n° 9, rue de Grenelle où habitait César, se trouve à 200 mètres seulement du véritable berceau du Cinéma !

En effet, c'est au 44, Rue de Rennes (tout proche), que se trouvait la *Société d'Encouragement à l'Industrie Nationale*, lieu où les frères Lumière construisirent le premier projecteur de cinéma de l'Histoire.

Très étonnant ! A Paris, il existe deux établissements à l'enseigne *Le César*. L'un, un restaurant, se trouve au 34, rue de la Tour d'Auvergne, l'autre, un bar Gay, est au 4, rue du Chabanais. En reliant ces deux endroits, l'axe formé atteint ce qui pourrait bien être la future rue César : le début de la rue de Grenelle.

Le **FOUQUET'S** (1899) est l'un des restaurants gastronomiques les plus prestigieux de la Capitale ; il est classé monument historique.

Il se trouve magnifiquement situé sur la plus belle avenue du monde : au n° 99 des Champs-Elysées (8ème arr.).

C'est ici que Nicolas Sarkozy fêta sa victoire, le 6 mai 2007.

Il est surtout connu pour abriter chaque année la grande fête qui clôture la Cérémonie des Césars.

Son entrée principale arbore au sol, sur un tapis métallique en forme de pellicule de film dorée, les grands noms des comédiens couronnés par les *Césars du Cinéma*.

Dans le Parisis Code, ce lieu mythique attaché à l'Histoire du Cinéma possède une série d'alignements en rapport avec le 7ème Art : la pointe du bec de l'Aigle (point important), aligné sur le Fouquet's, passe sur le sommet de l'Ankh. Preuve que l'endroit n'a pas été choisi au hasard.

Le Châtelet (endroit où a lieu la cérémonie) et le Fouquet's sont reliés par une ligne qui traverse la Pyramide du Louvre et sa voisine la Pyramide Inversée.

Le rôle de la clef de la Communication est pleinement utilisé, pour nous montrer que ce restaurant est bien lié au Cinéma :

En effet, la droite joignant le milieu de la Maison de Radio-France et le Fouquet's traverse l'ex-entrée du Musée du Cinéma et de la Cinémathèque au Palais de Chaillot.

Pour confirmation en guise de clin d'œil, cette ligne atteint à Boulogne-Billancourt, le *Jardin de l'Arroseur arrosé* (1er film de l'histoire du Cinéma) et d'autres rues en rapport avec les films.

Malgré le déménagement du Musée du Cinéma au n°51 de la rue de Bercy (12èmearr.), un alignement nouveau s'est créé, mettant en « lumière » (sans jeu de mots), le Fouquet's.

La droite joignant ce nouvel espace appelé *Cinémathèque Française*, au restaurant Fouquet's atteint l'Arc de Triomphe. Quel hommage !

Enfin le fameux n° 14 du Boulevard des Capucines, lieu de la séance historique du 28 décembre 1895, véritable berceau du Cinéma est clairement évoqué.

La ligne joignant ce lieu magique au Fouquet's traverse le centre de l'Ankh (Place de l'Opéra) !

Le 5 décembre 2008 a été inaugurée au Forum des Halles, la **RUE DU CINEMA.**

Ce nouvel axe qui va de la Porte du Point du Jour à la Porte Saint-Eustache a été baptisé ainsi pour son ensemble d'équipements dédiés au 7e art : le Forum des images, la Bibliothèque du cinéma François Truffaut et l'UGC Ciné Cité des Halles.Bien entendu cette rue du Cinéma est sur la ligne reliant la Cinémathèque française au centre de la boucle de l'Ankh. Elle engendre de nouveaux alignements symboliques.

Ainsi on remarquera qu'en reliant le Cour du 7ème Art à certaines voies de Paris ou de Banlieue consacrées aux cinéastes Abel Gance, René Clair, Marcel Pagnol ou encore Jean Cocteau, on obtient des lignes traversant cette nouvelle rue.

De même, les grands succès du Grand Ecran comme *l'Arroseur Arrosé, les Enfants du Paradis, la Grande Illusion, Casque d'Or, Le Jour se lève ou encore Fanfan la Tulipe*, évoquées dans les voies de Boulogne Billancourt se trouvent enrichis d'un nouvel alignement généré par la pointe du bec de l'Aigle des Buttes-Chaumont et cette rue du Cinéma.

Sacha GUITRY (1885-1957), comédien, dramaturge, et metteur en scène de 124 pièces de théâtre.

Il fut aussi réalisateur et scénariste de cinéma (36 films). Sa biographie est composée de 210 volumes !

Il enregistra une trentaine de disques et participa à 268 émissions de radio et télévision. Il eut comme amis intimes les plus grands génies du début du 19ème siècle dont Claude Monet et Alphonse Allais.

Malgré sa posture de misogyne, il a été marié cinq fois, et uniquement avec des actrices. Il est le fils de **Lucien**

GUITRY (1860 - 1925), grand comédien de théâtre, très célèbre à son époque.

Sacha Guitry est né à Saint-Pétersbourg (Russie), et mort à Paris au n°18, avenue Elisée-Reclus. Son Parrain était le Tsar de Russie Alexandre III.

L'axe rue Lucien et Sacha Guitry - Cour du Sphinx (le grand révélateur) nous amène sur le Pont Alexandre III.

Sacha Guitry est mort le 24 juillet 1957, jour de la Sainte Christine, dans son hôtel particulier (démoli en 1963) au pied de la Tour Eiffel, au n°18, avenue Elisée-Reclus. Cette date est inscrite dans le Code :

La ligne de 7,8 kilomètres joignant la rue Lucien et Sacha Guitry à cet hôtel particulier, traverse avec précision la rue Christine, confirmant une nouvelle fois la diabolique efficacité du Parisis Code.

Sur cet axe nous trouvons en *bonus,* la rue de son ami d'enfance Albert Willemetz, avec qui il créa 8 revues, mais aussi le Square Réjane, qui fut la partenaire de son père le célèbre comédien Lucien Guitry !

Lucien Guitry étant un ami intime de Tchaïkovsky, il est naturel de voir la ligne reliant la rue Lucien et Sacha Guitry à la rue Tchaïkovsky traverser la pointe du bec de l'Aigle (révélant un point important)

Pour trouver la tombe de Sacha Guitry et son père Lucien, rien de plus simple ; pas besoin du plan du cimetière de Montmartre où ils reposent.

Il suffit de faire un raccourci de la vie de Sacha Guitry en créant un axe partant du lieu de sa mort et passant par le lieu évoquant sa naissance, au n°18, avenue Elisée-Reclus - Saint-Pétersbourg (extrémité Sud).

Cet axe atteint exactement l'entrée Sud du cimetière de Montmartre, à droite, où se trouve le tombeau.

Cet alignement est valable pour le père comme pour le fils. En effet c'est Lucien qui fit construire cet hôtel particulier ; d'ailleurs son buste figure en bonne place devant l'emplacement où il s'élevait. Saint-Pétersbourg représente aussi le début de la carrière de Lucien…

La première pièce de Sacha Guitry fut jouée le 16 avril 1902 au Théâtre des Mathurins.

L'axe rue Lucien et Sacha Guitry - Théâtre des Mathurins. Passe sur l'entrée de l'Opéra Garnier (boucle de l'Ankh).

Aujourd'hui le Théâtre Edouard VII est aussi le Théâtre Sacha Guitry.

C'est ici que Guitry a interprété et créé, dès les années 1920, plusieurs de ses pièces les plus célèbres.

Ce théâtre aligné sur la rue Lucien et Sacha Guitry forme un axe qui passe sur le centre de l'Ankh et la Place Jules Renard dont Sacha sculpta 3 bustes.

C'est au Théâtre Edouard VII que furent tournées la plupart des pièces télévisées d'*Au Théâtre ce soir*.

Cette renommée transparaît dans le code puisque ce théâtre figure sur la ligne reliant la Maison de Radio-France au Zénith en passant par la Tour Eiffel (l'émetteur) et la boucle de l'Ankh.

La droite joignant la rue Lucien et Sacha Guitry (et Albert Willemetz) à l'extrémité Ouest de la rue du Théâtre, passe sur la Place de l'Odéon.

Odéon vient du latin *odéum* qui veut dire *petit théâtre*. Il faut aussi savoir qu'après avoir passé neuf ans à Saint-Pétersbourg, son père Lucien Guitry, entra au Théâtre de l'Odéon en 1891.

En 1954, Sacha Guitry réalisa *Napoléon*, un film sur la vie de Napoléon Bonaparte racontée par Talleyrand.

Dans ce film il joua le rôle de Talleyrand. Cette création est inscrite dans le Code.

L'axe rue Lucien et Sacha Guitry - rue de Talleyrand atteint la clef de la mise au monde où se trouvait le Musée du Cinéma !

Depuis des années, un immense acteur français attendait un alignement bien mérité en rapport avec le cinéma. Cette nouvelle rue a réparé cette injustice.

Jean GABIN (1904-1976) de son vrai nom Jean Alexis Moncorgé, était un grand acteur de cinéma français, chanteur de revue et d'opérette.

Il fut le plus français des acteurs et, le plus acteur des Français. Paris et sa périphérie furent son territoire d'élection : le tiers des films qu'il a tournés en 45 ans de carrière, ont Paris et sa banlieue pour décors…Il est né le 17 mai 1904 à Paris, n°23, Boulevard Rochechouart (9ème arr.).

Il est décédé à l'Hôpital Américain de Neuilly-sur-Seine.

Ses cendres furent jetées dans la mer d'Iroise au large de Brest (Finistère).

Etonnant ! Le lieu de naissance de Jean Gabin se trouve sur une ligne joignant le Cours du 7ème Art à … l'Hôpital Américain !

La droite joignant le bec de l'Aigle à la rue Jean Gabin (Levallois Perret) traverse le Boulevard Rochechouart au niveau de son lieu de naissance !

Grâce à la rue du Cinéma (créée en 2008), Jean Gabin possède un alignement symbolique très cinématographique.

La rue Jean Gabin de Levallois se trouve à présent sur l'axe créé par le n°14, Boulevard des Capucines (où naquit le Cinéma) et la rue du Cinéma ! Jean Gabin fut remarqué par Mistinguett aux Bouffes Parisiens :

L'axe rue Jean Gabin - Place des Victoires passe sur les Bouffes Parisiens (4, rue de Monsigny).

Inaugurée le 17 mai 2008, jour de son anniversaire, la Place Jean Gabin, se trouve désormais à l'embranchement des rues Custine et Lambert, proche du n°17, rue Custine où il passa son enfance.

La droite joignant la pointe du bec de l'Aigle à la Place Jean Gabin passe d'ailleurs exactement sur cette adresse !

Il y aura fallu attendre 32 ans après sa mort pour que ce *monument* du Cinéma française ait sa voie dans Paris !

Grâce à la Place Jean Gabin, le grand acteur se voit attribué un *Panthéon virtuel* dans le Parisis Code.

En effet, l'axe qu'elle forme avec la rue du Cinéma, mène sur le Panthéon. Cet axe traverse les Folies Bergère où il débuta.

Le Grand œil qui regarde la Place Jean Gabin, forme une ligne qui traverse le Musée Grévin où l'on peut voir sa momie virtuelle dans la Brasserie du secteur *esprit de Paris*.

Jean Alfred Villain-Marais dit **Jean MARAIS** (1913-1998) était un célèbre acteur français. Il était aussi un metteur en scène, écrivain, peintre, sculpteur, potier et… cascadeur. Sa date de naissance, 11/12/13, lui porta probablement bonheur !

Il eut une relation durable tant amoureuse que professionnelle avec le poète Jean Cocteau. Cette rencontre, en 1937, marqua le véritable lancement de sa carrière.

Etrange : En créant un axe reliant la Place Jean Marais à la rue de Cherbourg (ville où il est né un 11 décembre), on a la surprise de le voir traverser le centre de la boucle de l'Ankh (Croix de Vie et Clef du Destin) et … la rue Jean Cocteau.

Inaugurée le 26 avril 2008, dix ans après sa mort, la Place Jean Marais se trouve à Montmartre, entre la Place du Tertre et l'église Saint-Pierre.

Grâce à cette place, ce grand comédien se voit attribuer un *Panthéon virtuel* dans le Parisis Code. L'axe rue du Cinéma - Place Jean Marais amène au Panthéon. Sur cet axe, on remarquera la Place Charles Dullin et le Théâtre de l'Atelier. La Place Charles Dullin est exactement dans l'alignement Sud de la Place Jean Marais.

C'est en effet grâce au metteur en scène et acteur Charles Dullin, dont il suivit les cours au Théâtre de l'Atelier, que Jean Marais découvrit les pièces classiques, en 1937.

Merci, le Code, pour ces précieuses informations !

Le code nous montre que sa première activité (celle de comédien) et sa dernière, celle de potier, étaient très importantes : l'axe Place Jean Marais - Passage potier mène à la pyramide du Louvre en passant par la Comédie Française où il fut admis à la fin des années 1940.

Comme nous l'avons déjà signalé, c'est Jean Marais qui a sculpté l'intrigante statue du *passe muraille* de la petite Place Marcel Aymé.

L'Oeil de l'Aigle qui regarde cette sculpture, crée une ligne qui traverse le Sacré-Cœur de Montmartre, la Place Jean Marais, mais aussi *la Folie Sandrin*, au n°22, rue de Norvins, où il habita à partir de 1970 !

Jean Marais est enterré dans le petit cimetière de Vallauris, la ville des potiers, où il a passé les dernières années de sa vie.

L'Eternel Retour

L'Eternel Retour est un film de 1943, dont le scénario fut écrit par Jean Cocteau.

Il s'agit de la transposition moderne par Jean Cocteau de la légende amoureuse de Tristan et Iseult...

Si l'on trace un axe passant par la rue Jacquard (11e) et la Place Jean Marais (17e), on tombe directement sur la librairie L'Eternel Retour, située au n° 77,rue Lamarck (18e) !

La ligne reliant la rue Jean Cocteau à l'ancien emplacement du Musée du Cinéma et Cinémathèque Française (Aile Nord du Palais de Chaillot), passe miraculeusement sur la librairie L'Eternel Retour ! Ce film connut un immense succès en faisant de Jean Marais une star.Il lança la mode du pull jacquard que Marais porte dans le film.

Si l'on trace un axe passant par la rue Jacquard (11e) et la Place Jean Marais (17e), on tombe directement sur la librairie L'Eternel Retour, située au n° 77 Rue Lamarck (18e) !

La ligne reliant la rue Jean Cocteau à l'ancien emplacement du Musée du Cinéma et Cinémathèque Française (Aile Nord du Palais de Chaillot), passe miraculeusement sur la librairie L'Eternel Retour !

Louis **DE FUNES** (1914-1983) fut l'un des acteurs comiques les plus célèbres du cinéma français. Il a joué dans plus de 140 films.

Il est honoré par la Place De Funès à Courbevoie, où il est né au n°29, rue Carnot.

Le Code ne lui a attribué qu'une ligne de 12 kilomètres qui veut en fait tout dire : la ligne reliant son lieu de naissance à la Cinémathèque Française et Musée du Cinéma, passe sur l'Arc de Triomphe!

Le Gendarme et le Parisis Code

… ce pourrait être une suite de la saga du Gendarme de Saint-Tropez…

Dans le Parisis Code, le comédien Louis de Funès (1914-1983) est représenté par l'Allée Louis de Funès (8e), qui prend naissance au n°51, rue de Courcelles, et rejoint la rue Laure Diebold. Il est né le 31 juillet 1914, jour de la Saint-Ignace de Loyola.

Le Grand-Œil (Observatoire de Paris) qui regarde l'église Saint-Ignace (rue de Sèvres), crée un axe qui rejoint l'Allée Louis de Funès. Il est mort à Nantes et enterré au cimetière du Cellier (près de Nantes).

La ligne reliant l'extrémité de l'Allée Louis de Funès au restaurant Le Cellier situé à Pantin (nord-est de Paris), au n°11 Avenue Edouard Vaillant, passe sur l'extrémité nord de la rue de Nantes.

Louis de Funès s'est remarié en 1943 avec Jeanne Barthelemy de Maupassant (petite nièce du grand écrivain Guy de Maupassant), ils habiteront plusieurs années un deux pièces dans les combles du n° 42 rue de Maubeuge (9e). C'est là que furent conçus ses deux fils…

Sacré code qui est capable de retrouver cette adresse précise ! En effet, l'œil de l'Aigle (point inférieur) qui regarde l'Allée Louis de Funès (extrémité sud) crée une ligne qui passe exactement sur cette adresse !

Il existe aussi une Place Louis de Funès à Courbevoie. Si nous la relions à l'extrémité de l'Allée Louis de Funès, à Paris, devinez où nous conduit cet axe (vers le sud-est) ?

Eh bien très précisément sur la Place Gérard Oury (8e), réalisateur à qui il doit le plus grand succès de sa carrière, la Grande Vadrouille, et surtout sur la Cinémathèque Française et Musée du Cinéma (Parc de Bercy) ! On aurait voulu le faire exprès…

Avant sa mort, le Musée du Cinéma se trouvait encore dans l'aile nord du Palais de Chaillot…. La ligne Clef de la Communication - Allée Louis de Funès traverse précisément cet endroit !

Le réalisateur de cinéma, acteur et scénariste **Gérard Oury** (1919- 2006). En tant que réalisateur, ses plus grands succès furent Le Corniaud et la Grande Vadrouille.

Il est honoré dans Paris depuis le 22 juin 2011, par la Place Gérard Oury (8e), carrefour des rues de Courcelles, Monceau et Rembrandt, ancienne Place du Pérou).

Il habitait au n°18, rue Georges Bizet (16e). La ligne reliant la Place Gérard Oury à la Clef de la Communication (plus précisément l'entrée de la Maison de Radio-France) passe exactement sur cette adresse.

Le film la Grande Vadrouille (17 millions d'entrées en salle) avec ses grandes vedettes De Funès et Bourvil, a laissé une trace dans Paris.

La ligne reliant l'Allée De Funès au Théâtre André Bourvil (13, rue des Boulets) passe exactement sur la Place Gérard Oury!

Le véritable nom de Gérard Oury était Thannenbaum (Sapin, en français). La pointe du bec de l'aigle (qui mentionne des détails importants), alignée sur la Place Gérard Oury, donne une ligne qui passe sur le restaurant Le Sapin (75, Boulevard de la Villette-10e).

Il est né, comme le montre précisément le code, au 24, rue de la Tour (16e). L'axe formé par la Clef de la Mise au Monde et la Place Gérard Oury, amène sur cette adresse !

Une scène mythique gravée dans le Code

L'une des scènes les plus mythiques du Cinéma français, tirée du "Corniaud", est celle qui fut tournée le 7 décembre 1964, sur la Place du Panthéon.

La Rolls Royce de De Funès (Saroyan) va percuter la 2CV de Bourvil (Maréchal), qui va littéralement se disloquer juste devant le n°6, Place du Panthéon (devant l'Eglise Saint-Etienne du Mont).

Incroyable mais vrai : cette adresse exacte se trouve sur la ligne reliant l'ancienne adresse du Musée du Cinéma (aile nord du Palais de Chaillot) et la nouvelle, au n°51, rue de Bercy (12e). L'ancienne adresse fut active jusqu'en 2002.

Autre étrangeté : Dans le Corniaud, Louis de Funès campe le personnage d'un riche arménien dénommé Saroyan. Ce nom est celui d'un célèbre écrivain américain d'origine arménienne, William Saroyan (1908-1981) qui habita de 1960 à 1981 au n° 38, rue de Châteaudun (9e).

La pointe du bec de l'aigle (qui mentionne des détails importants), alignée sur l'Allée Louis de Funès, crée une ligne qui traverse exactement cette adresse, mais aussi sur la Place Gérard Oury (qui écrivit le scénario du film et imagina donc le nom de ces personnages)!

La comédienne **Annie GIRARDOT** (1931-2011) est née le 25 octobre 1931 dans le 10ème arr. de Paris, au n°20, rue Bichat (Hôpital Saint-Louis), et morte le 28 février 2011, jour de la Saint-Romain. Elle repose au Père Lachaise, dans la 49ème division.

Elle a vécu 30 ans au n°25 de la Place des Vosges, puis en dernier au n°4 rue du Foin.

Le Parisis Code nous montre qu'elle a vécu sur une ligne sur laquelle était prévue le jour de sa mort et l'emplacement de sa tombe!

En effet la droite de 5,5 kilomètres joignant sa tombe dans la 49ème division du Père Lachaise à la rue Saint-Romain (28 février) traverse effectivement ses deux dernières adresses parisiennes.

De plus, cette ligne passe à moins de 100 mètres du cabaret *la Rose Rouge* (76, rue de Rennes) où elle a débuté (aujourd'hui cinéma l'Arlequin) !

Encore plus fort : Annie Girardot est née dans le 10ème arr. de Paris. Autrement dit, sa naissance est enregistrée dans la mairie du 10ème arr. En créant un axe formé par ses deux dernières adresses et cette mairie, nous tombons miraculeusement sur l'Hôpital Lariboisière où elle est décédée !

Elle fit partie de la Comédie Française de 1954 à 1957. On remarquera que l'axe Arc de Triomphe - Comédie Française atteint son adresse du n°25 de la Place des Vosges.

Son dernier "triomphe": la droite reliant sa dernière demeure du n°4 rue du Foin à l'Arc de Triomphe passe très précisément sur l'entrée de l'Eglise Saint-Roch où furent célébrées ses funérailles le 4 mars 2011, devant une foule d'anonymes et de célébrités.

Sa rue dans Paris, inaugurée en septembre 2012, ne génère à ce jour aucun alignement…

LES STATIONS FANTOMES

Il existe dans Paris 3 stations de métro *fantômes* qui n'ont jamais vu passer un seul voyageur.

La première station située au sud-ouest, sous le Boulevard Murat fut créée en 1923 ; elle ne possède aucun accès : c'est la station *Porte Molitor* (ou *Murat*).

Les deux autres stations *ectoplasmiques* sont proches l'une de l'autre et situées près de la Porte des Lilas.

Il s'agit de la station *Haxo*, construite dans les années 20, et la station *Lilas-Cinéma* plus récente qui date des années 50.

Ironie du sort, le nom *Haxo* est l'anagramme du mot anglais Hoax qui signifie blague ou canular…

Bien entendu c'est officiellement pour des raisons de rentabilité que ces stations ne furent jamais utilisées.

La station-fantôme *Lilas-Cinéma* est à présent transformée en studio de prises de vues. De fausses plaques de noms de stations sont fabriquées selon les besoins afin de transformer la Porte des Lilas en Pont-Neuf, Pigalle ou Pyramides...

Ainsi, depuis plusieurs années, la majorité des prises de vues de films, téléfilms ou publicités dont des scènes se passent dans le Métro, ont lieu Porte des Lilas, dans la station fantôme.

On utilise également cette station fantôme pour les présentations et les inaugurations.

En 1951 la Régie Publicitaire des Transports Parisiens présentait aux professionnels de la publicité la maquette de ce qui allait devenir le premier aménagement publicitaire de Métro parisien.

Le carrossage de la station Franklin Roosevelt a ainsi été installé en 1952 à la suite d'un prototypage exécuté dans la station fantôme. Il est toujours en place actuellement. C'est donc le sosie de la station Franklin Roosevelt.

Si l'on rejoint la station originale *Roosevelt* et son modèle par une ligne, elle passe sur la boucle de l'Ankh, à la porte de l'Opéra. Le *Fantôme de l'Opéra*, vous connaissez ? La particularité de cette station-fantôme *Lilas-Cinéma* dans le Parisis Code, est qu'elle se trouve dans l'alignement Est de Cours du 7ème Art… le Cinéma ! Comme quoi le scénario du Parisis Code est lui aussi bien rôdé.

LA TRAVERSEE DE PARIS

On peut rencontrer dans certains films une utilisation possible du Parisis Code.

C'est le cas du film de Claude Autant-Lara *La Traversée de Paris* (1956), avec pour comédiens Jean Gabin, Bourvil et De Funès.

D'après une nouvelle de l'écrivain Marcel **AYME** (1902-1967), qui en a écrit également le scénario, c'est l'histoire de deux personnages chargés de transporter de nuit des valises remplies de viande de porc en traversant Paris sous l'occupation allemande, en 1943.

Le but est de relier de nuit le n°45, rue Poliveau (5ème arr.) à la rue Lepic (Montmartre) sans se faire remarquer par les Nazis.

Une distance de 5,4 kilomètres sépare ces deux points (6 kilomètres à pied). Trajet : rue Poliveau, jardin des Plantes, pont Sully, rue de Turenne, rue Montmartre et rue Saint-Georges.

Ces deux adresses n'ont semble-t-il pas été choisies à la légère ; elles contiendraient un message occulte ; en les reliant par une droite, on s'aperçoit que celle-ci traverse le Musée du Grand Orient de France, et la Place Marcel Aymé.

La Place Marcel Aymé est célèbre pour la statue réalisée en 1999 par Jean Marais représentant le *Passe Muraille*, personnage créé par Marcel Aymé.

La ligne indiquée auparavant traverse aussi la rue d'Orchamps (Montmartre), adresse attribuée à son personnage Dutilleul dans le *Passe Muraille*.

Le n° 45, rue Poliveau est devenu une adresse mythique à la suite du film *La Traversée de Paris* avec Gabin, Bourvil et De Funès.

Film franco-italien, réalisé par Claude Autant-Lara, sorti en 1956, inspiré de la nouvelle de Marcel Aymé.

Dialogue mythique : – *M. Jambier, 45, rue Poliveau, pour moi, ce sera 1 000 francs (...) M. Jambier, 45, rue Poliveau, maintenant, c'est 2 000 francs (...) Je voulais dire 3 000 (...) Oh !! C'est plus lourd que je pensais, je crois qu'il va me falloir 2 000 francs de plus.*
– *C'est sérieux ? – Comment si c'est sérieux (...) je veux 2 000 francs, Jambier, 45, rue Poliveau ! Jambier ! Jambier!*

Cette scène a bien été tournée rue Poliveau, mais au n°13...

Ce détail figure dans le Code !

En effet, le Parisis Code prend en compte l'adresse réelle du tournage : ce n°13... et le résultat est ébouriffant !

La Clef de la Communication (Maison de Radio-France) alignée sur la Cinémathèque Française (Musée du Cinéma, au 51 Rue de Bercy - 75012 Paris) crée une droite qui passe avec une précision chirurgicale sur le n°13 rue Poliveau !

Posons-nous la question : pourquoi avoir choisi la véritable rue et cette adresse ? Une telle séquence pouvait être tournée n'importe où, ou en studio, sans problème.

Et si Claude Autant-Lara cherchait l'authenticité, alors pourquoi n'a-t-il pas été jusqu'au bout et utiliser l'adresse véritable ? 45 ou 13, quelle importance?

Le n°13, rue Poliveau a "joué" le rôle du n°45... dans la Traversée de Paris.

En fait à cette adresse imaginaire (le véritable n°45) se trouve un bar : le Jean-Bart, qui a remplacé depuis peu le restaurant "La Traversée de Paris".

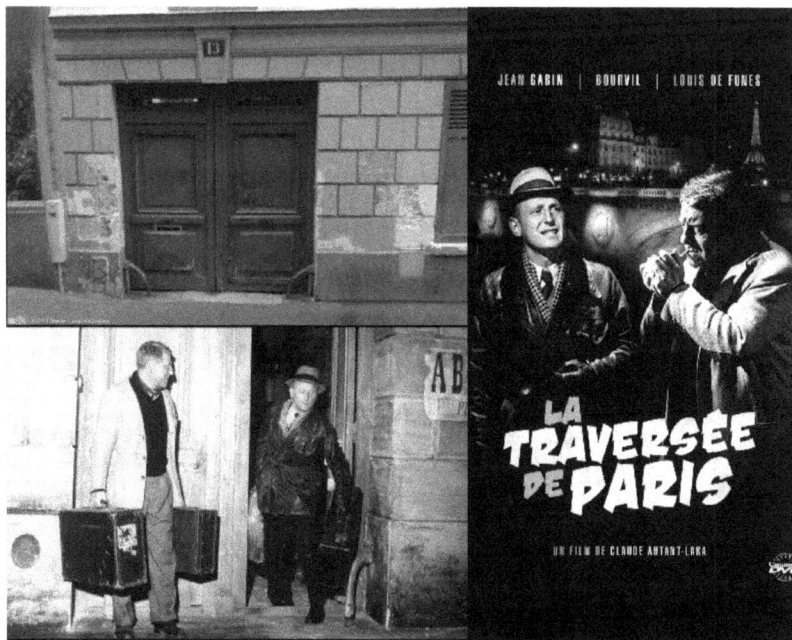

La Clef de la Création (Fontaine de Varsovie), alignée sur le n° 45, rue Poliveau, crée une droite de 5,9 kilomètres qui passe avec précision sur la petite rue Jean Bart ! Etrange, non ?

Pourquoi un tel détail sans importance (la création de ce bar) est-il indiqué ?

La plaque mystérieuse

Vers la fin du film, les deux personnages sont arrêtés par les allemands.

Un Colonel allemand vient d'être tué et comme toujours dans ces cas-là, en signe de répression, ils exécutent immédiatement une dizaine de français. Martin (Bourvil) est donc embarqué avec d'autres dans un camion qui le mène au peloton d'exécution…

Un long plan de pas loin de 40 secondes montre la plaque d'immatriculation 1368 WH du camion allemand emportant les prisonniers.

Ce camion roule, frôle le trottoir, rien d'autre… Alors, pourquoi insister lourdement sur cette plaque?

Photos extraites du film montrant les plaques minéralogiques du convoi

On est pourtant étonné, à la fin du film de reconnaître Martin (Bourvil) devenu porteur à la Gare de l'Est. Pourquoi n'a-t-il pas été exécuté?

Pourtant l'explication est "clairement" donnée par le fameux plan long sur la plaque d'immatriculation.

Mais seuls quelques connaisseurs et historiens sont en mesure de le comprendre.

En effet, il faut savoir que les plaques d'immatriculation de la Wehrmacht commençaient par : WH.

Autrement dit, le plan long insiste pour que le spectateur ait le temps de remarquer que cette plaque est inversée.

Autrement dit ce sont de fausses plaques, ce qui signifie que le camion n'est pas celui de la Wehrmacht mais des Résistants Français…

Ce qui explique que Martin est encore en vie à la fin du film. CQFD. Le film *La Traversée de Paris* étant sorti en 1956, soit une dizaine d'années après la guerre, les spectateurs étaient encore en mesure de comprendre cette subtilité.

Voilà, maintenant vous ne serez plus "à côté de la plaque" en regardant de nouveau ce merveilleux film.

Plaques originales de la Wehrmacht

SOS DETRESSE AMITIE, BONJOUR…

Dans la célèbre comédie créée en 1979 par la troupe du *Splendid* : *Le Père Noël est une ordure*, adapté en 1982 au cinéma par Jean Marie **POIRE**, (1945-20--) l'action se déroule principalement à Paris, au siège de **S.O.S DETRESSE AMITIE**, n° 17, rue de Montmartre.

Il y a-t-il un message derrière cette fausse adresse ? Je le pense sincèrement, et celui-ci semble en rapport avec le Code.

En effet, à Paris, il existe plusieurs véritables *S.O.S Amitié*, l'une est domiciliée au 12, rue du Havre, une autre se trouve près de la Place des Nations, n°11, rue des Immeubles industriels (12ème arr.).

Voyons les rapports entre celles-ci, l'adresse fictive du film et la Cité Noël.

L'axe 11, rue des Immeubles industriels - Cité Noël nous amène sur le n° 17, rue de Montmartre.

La droite 12, rue du Havre - fausse adresse (17, rue de Montmartre), passe par le centre de l'Ankh.

La pointe du bec de l'Aigle, clef destinée à nous indiquer un point précis et important dans la capitale, va servir à prouver ce que je suppute : traçons donc une droite passant sur cette pointe et l'adresse fictive du film ; que constatons-nous ? Non, vous ne rêvez pas, cette ligne atteint bien le Cours du 7ème Art.

Ce même axe, vers le Sud-ouest de Paris, atteint les studios de Cinéma de Boulogne Billancourt et ses rues baptisées du nom des titres de films célèbres !

Un initié qui voudrait dire de manière cachée : *je connais bien ce Code* ne s'y prendrait pas autrement !

L'immense succès du *Père Noël est une ordure* a-t-il été généré par un alignement *porte bonheur*, particulièrement bien choisi ?

En effet, l'axe fausse adresse (17, rue de Montmartre) - Zénith passe par le **SPLENDID**, rue du Boulevard Saint-Martin. Rassurez-moi, c'est encore une de ces maudites coïncidences !

Jacques **DEMY** (1931-1990) fut un grand cinéaste français, aussi acteur, scénariste réalisateur et comédien. Il est connu notamment pour la réalisation des films à succès comme *Les Demoiselles de Rochefort et Les Parapluies de Cherbourg.*

La Place Jacques Demy (14ème arr.) se trouve d'ailleurs dans l'aligne-ment Est de la rue de Cherbourg.

Il possède sa place dans le Panthéon (virtuel) du Cinéma, exprimée très clairement dans le Code.

La droite reliant la pointe du bec de l'Aigle à la Place Jacques Demy passe sur le Cours du 7ème Art et l'entrée du Panthéon !

L'axe Place Jacques Demy - entrée de l'ex-Musée du Cinéma (Palais de Chaillot) passe sur la pointe de la Tour Eiffel.

RATATOUILLE : Il existe à Paris, depuis 1872, un établissement qui a pignon sur rue, dont le métier est tout simplement de donner la mort aux… envahisseurs de Paris. Intriguant, n'est-ce pas ?

Il se trouve très exactement au n°8, rue des Halles (1er arr.), sur la droite, on ne peut plus logique reliant la Tour Eiffel à la Clef de la Mort. Ces envahisseurs ne sont pas des extraterrestres mais des rats, souris, cafards, blattes pigeons et autres parasites nuisibles.

Cette adresse à l'enseigne *Destruction des Animaux Nuisibles* est celle du fameux dératiseur parisien Julien Aurouze, spécialisé dans l'assainissement et la désinfection.

La boutique du dératiseur que l'on voit dans le dessin animé de Disney-Pixar, Ratatouille, sorti en 2007, s'inspire de la vraie boutique de dératisation Aurouze du quartier des Halles.

Bien accueilli tant par le public que par la critique, le film d'animation Ratatouille se hissa dès sa sortie en tête du box-office aux États-Unis, en France et au Royaume-Uni. Il reçut l'Oscar du meilleur film d'animation en 2007.

Il existe bien un restaurant Ratatouille, Paris ; il est situé non loin des Grands Boulevards, au n°168 Rue Montmartre (2ème arr), sur une ligne qui allie la gastronomie au Cinéma.

En effet, la ligne reliant le Cours du 7ème Art au Petit Palais, passe par ce restaurant Ratatouille!

Jean-Claude BRIALY (1933- 2007) né à Aumale, en Algérie le 30 mars 1933 (30.3.33), fut un acteur, réalisateur, scénariste et écrivain français. Il a joué dans une centaine de films et a obtenu le César du meilleur acteur pour le film *Les Innocents*, en 1988. Il était un habitué des seconds rôles.

Il fut directeur du Théâtre Hébertot (1977), puis propriétaire, en 1986, du Théâtre des Bouffes-Parisiens. Jean-Claude Brialy possédait aussi le restaurant gastronomique *l'Orangerie* au n° 28, rue Saint-Louis, sur l'Ile Saint-Louis où il résidait.

Ce restaurant se trouve à quelques mètres du Quai d'Anjou, or Brialy était le directeur du Festival d'Anjou. *Mon paradis, c'est l'Anjou,* s'exclamait Jean-Claude Brialy, qui avait aussi une maison dans cette région de son enfance.

Bien qu'au jour où j'écris ces lignes il ne possède pas encore sa voie dans Paris, il est indéniable que son destin, son parcours, se dessine déjà dans la capitale.

Ainsi on remarquera que l'axe formé par les 2 théâtres qu'il dirigea nous mène dans la boucle de l'Ankh (entrée de l'Opéra Garnier et surtout Clef du Destin) et directement sur son restaurant de l'Ile Saint Louis...

Cette ligne traverse la Place Rudolf Noureiev ; ce n'est pas pour rien ! Homosexuel, il eut en effet une brève aventure amoureuse avec ce grand danseur.

On remarquera également que cette ligne touche l'église Saint-Louis en l'Ile où eurent lieu ses funérailles.

Jean-Claude Brialy pourtant surnommé *la mère Lachaise* par Thierry Le Luron, est enterré au cimetière de Montmartre, près de la *Dame aux Camélias*.

Etrange : en 1998, il avait adapté pour la télévision, la *Dame aux Camélias*...

Il existe bien à Paris, au n°78, Boulevard de Ménilmontant, (proche du Père Lachaise), un restaurant qui s'appelle *La Mère Lachaise*.

En reliant ce restaurant à la tombe de Brialy, au cimetière de Montmartre (15ème division), on a la surprise de voir cette ligne croiser la rue de Maubeuge, qui fut sa première adresse parisienne (après son service militaire). Il habitait au n°45.

Il est aussi troublant de constater que la droite joignant sa tombe à son restaurant traverse la rue d'Aumale, ville d'Algérie où il est né.

De plus le jour de son décès étant le jour de la Saint-Ferdinand (30 mai) ; si l'on trace un axe reliant ce restaurant à n'importe quel point de la rue, de la place ou même de l'église consacré à Saint-Ferdinand (17ème arr.), il nous mène toujours sur l'église de ses funérailles : Saint-Louis en l'Ile. On remarquera qu'il est mort un 30 du mois, comme sa date de naissance qui comportait de nombreux chiffres 3!

François TRUFFAUT et ses films

Jules et Jim est un film français réalisé par François Truffaut (1932-1984), adapté du roman du même nom de Henri-Pierre Roché, et sorti en 1962.

Ce 3ème film de Truffaut fut un grand succès (1,5 millions de spectateurs) et l'impose comme un grand réalisateur.

A Paris, dans le Marais, s'est ouvert récemment (9 février 2012) un hôtel de luxe qui évoque ce grand film.

C'est l'Hotel Jules & Jim ****, qui se trouve au n°11 de la rue des Gravilliers, 75003 Paris.

Cet hôtel a donc ouvert ses portes à l'occasion du 80 ème anniversaire de la naissance de François Truffaut.

Comme on le voit, il devait absolument se trouver à cet endroit, n'hésitant pas à s'incruster entre deux bâtiments.

Si l'on trace un axe formé par cet hôtel et la Cinémathèque Française (Musée du Cinéma), on tombe comme par enchantement sur la rue François Truffaut.

La ligne traverse la rue Jean Renoir, cinéaste dont il a toujours eu une grande admiration.

En 1957, François Truffaut, fonda fonda au n° 5, rue Robert Estienne, sa société de production, Les Films du Carrosse, ainsi nommée en hommage à Jean Renoir et son film Le Carrosse d'or…

Cet axe passe sur le quartier de Paris où il passa son enfance (Place Pigalle)…

La ligne reliant la rue François Truffaut à l'adresse du siège social de sa société de production, forme un axe qui traverse le Musée du Cinéma et se dirige sur la Place de l'Etoile - Arc de Triomphe.

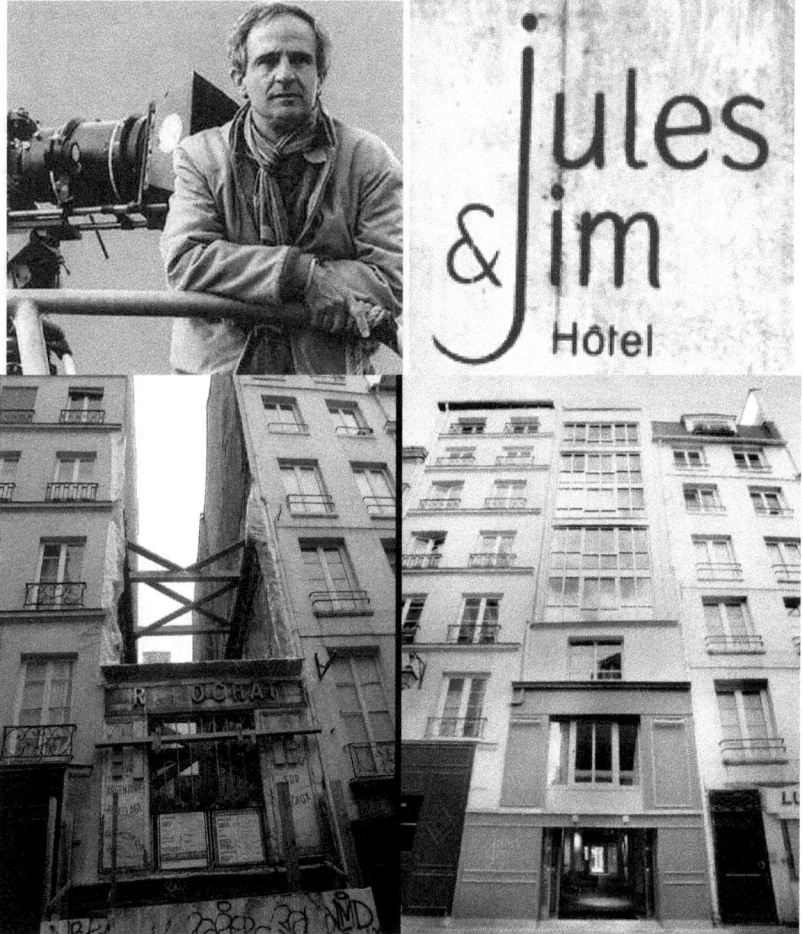

La rue François Truffaut se trouve dans l'alignement Sud du Cours du 7ème Art.

Comme je l'ai déjà expliqué, la pyramide du Louvre, dans le Parisis Code, représente la pyramide de Guizeh, le plus grand tombeau du monde.

C'est une clef qui permet parfois d'indiquer où est mort, ou encore où se situe une tombe.

Si nous employons cette clef, pour le cinéaste Truffaut, nous obtenons l'endroit exact où il est décédé à l'âge de 52 ans, le 21 octobre 1984, d'une tumeur au cerveau : l'hôpital Américain de Neuilly.

En traçant un axe joignant cet hôpital à la pyramide du Louvre, on tombe sur la rue François Truffaut. Cerise sur le gâteau : la ligne traverse le Musée du Cinéma !

Plus étrange encore : en reliant l'extrémité Nord de la rue François Truffaut à son tombeau dans la 21ème division du cimetière de Montmartre, on obtient une ligne de 7,3 kilomètres qui passe exactement sur… l'Hôtel Jules & Jim !

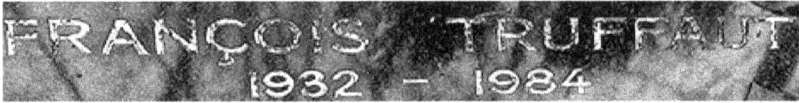

Mais le plus extraordinaire reste à venir…

En effet, l'actrice principale du film Jules & Jim est **Jeanne Moreau** (1928 - 2017), l'une des plus grandes actrices de l'époque. Eh bien, incroyable mais vrai, cette ligne traverse la rue Moreau (12e)!

Il existe aussi un Restaurant (Bistro) Jules & Jim qui se trouve au n° 128, Avenue de France, proche de la Grande Bibliothèque Mitterrand.

Là encore on est troublé de constater que le Grand Œil (Observatoire de Paris) qui regarde cet établissement, crée un axe qui rejoint la rue François Truffaut !

La ligne reliant ce restaurant à la tombe de Truffaut passe sur le 21, rue Henry-Monnier où il passa son enfance, chez sa grand-mère, et sur le n°33, rue de Navarin où il résidait avec sa mère depuis 1944.

François Truffaut est né rue Léon Cogniet (17ème arr.) chez une sage-femme…

Aussi incroyable que cela puisse paraitre, le Parisis Code avait prévu que dans cette rue Léon Cogniet précisément, naitrait une des grandes pointures du Cinéma.

En effet, pour le prouver, il suffit de tracer une ligne joignant cette rue au Cours du 7ème Art.

On constate qu'elle passe sur l'adresse de ses parents (33, rue de Navarin) et de sa grand-mère (21, rue Henry-Monnier).

Truffaut a réalisé de nombreux films.

Pourquoi le Parisis Code a-t-il choisi précisément le"Jules et Jim" pour créer ses alignements commémoratifs? Mystère...

C'est au Théâtre Saint-Georges, qu'en 1978, François Truffaut tourna dans ce théâtre *Le Dernier Métro*, film aux multiples récompenses.

La ligne formée par ce Théâtre et la Cinémathèque Française, crée un axe qui passe sur la rue François Truffaut !

La ligne reliant la rue François Truffaut à la Société "Le meilleur du Cinéma" (n°47, rue de Paradis), passe sur la Cinémathèque Française et sur la rue Moreau.

Jeanne Moreau (1928 - 2017), actrice, chanteuse et réalisatrice, icône du Cinéma français, est décédée le lundi 31

juillet 2017 (à 7h30), jour de la Saint-Ignace de Loyola à son domicile parisien du n°2, Square du Roule, une impasse du 8ème arr. où elle vivait depuis 1992. Elle avait 89 ans.

Cette grande actrice était connue pour son inimitable voix grave si particulière de grande fumeuse.

La ligne reliant cette adresse à la rue Moreau passe sur la Comédie Française (dont elle fut sociétaire), sur l'Hôtel du 7ème Art (n°20, rue Saint-Paul) et sur la rue du 29 juillet, nous informant à 2 jours près du jour de sa mort (31 juillet).

La ligne reliant la Clef de la Communication (Radio-France) à la rue Moreau passe sur l'église Saint-Ignace (31 juillet).

Jeanne Moreau a créé par testament une fondation qui porte son nom, et située à l'adresse de son décès. Elle lui a légué toute sa fortune.

Elle aimait comparer la vie à un jardin en friche qu'on nous donne à la naissance, et qu'il faut laisser beau au moment de quitter la terre.

Jeanne Moreau a reçu trois César du Cinéma.

La 43ᵉ cérémonie des César du cinéma, organisée par l'Académie des arts et techniques du cinéma, s'est déroulée à la salle Pleyel à Paris le 2 mars 2018, sept mois après sa mort, et récompensait les films français sortis en 2017.

Cette soirée présidée par Vanessa **Paradis** rendait hommage à Jeanne Moreau. Son visage apparaissait sur l'affiche officielle.

La ligne reliant la Société "Le meilleur du **Cinéma**" (n°47, rue de Paradis) au n°2, Square du Roule (lieu du **décès**), passe sur la rue de **Paradis** et sur la **salle Pleyel** !

La ligne reliant la Salle Pleyel au restaurant César (n°12, Avenue de Wagram), passe sur le Square du Roule.

L'œil de l'Aigle qui regarde l'adresse du décès de Jeanne Moreau, crée une ligne qui passe sur la Salle Pleyel !

Le père de Jeanne tenaient la brasserie La Cloche d'Or (n°3, rue Mansard), sa mère Kathleen, une anglaise, était Blue Bel Girl aux Folies Bergère.

La ligne reliant ce restaurant La Cloche d'Or au lieu de son décès, passe sur l'Hôtel Secret de Paris et… la Salle Pleyel.

Jeanne Moreau vivait à moins de 80 m de la Salle Pleyel.

Le Dernier Métro

Il existe à Paris une Brasserie dénommée "Le Dernier Métro" (créé en 1991) au n°70, boulevard de Grenelle (15e).

La Clef de la Communication (Maison de Radio-France), alignée sur ce restaurant, crée un axe qui rejoint … la rue François Truffaut !

L'axe formé par cette brasserie et le Théâtre Saint-Georges passe sur la rue d'enfance de François Truffaut : la rue de Navarin.

Clin d'œil : Le Grand Œil (Observatoire de Paris), qui regarde la Brasserie "Le Dernier Métro" crée une ligne qui traverse la Place Bienvenüe (le créateur du métro parisien)!

Les 400 coups

Décidément, les films de Truffaut ont inspiré les hôteliers et restaurateurs parisiens. En effet, il existe également proche des

Buttes Chaumont, au n° 12 Rue de la Villette (19e) le restaurant "Les 400 coups", évoquant le célèbre film de François Truffaut.

Ce fut d'ailleurs son premier film, celui de la Nouvelle Vague, et qui le révéla au grand public en 1959.

Première constatation : ce restaurant se trouve avec une précision inimaginable, dans l'alignement Nord de la rue François Truffaut!

Il est également dans l'alignement Nord du Cours du 7ème Art.

La ligne de 4,75 kilomètres reliant la rue François Truffaut au Cours du 7ème Art passe sur le Restaurant "Les 400 coups" !

Deuxième constatation : en créant une ligne reliant cet établissement à la rue Léon-Cogniet, rue natale de François Truffaut, on tombe sur la rue où il passa son enfance : la rue Henry-Monnier!

C'est dans cette rue (Place Gustave Toudouze) que furent tournées certaines scènes du film (entièrement tourné en décor réel).

Des plans ont été tournés quelques mètres plus loin, au coin de la rue Henry-Monnier et de la rue Notre-Dame-de-Lorette.

Important: cette ligne passe sur la pointe du Bec de l'Aigle des Buttes-Chaumont, clef qui met l'accent sur un point important.

Troisième constatation : en créant une ligne reliant le Restaurant "Les 400 coups" au siège social de sa Société de Production au n° 5, rue Robert Estienne, on s'aperçoit qu'elle passe en plein centre de la Clef de la Célébrité: le Rond-Point des Champs Elysées et de la Grande Croix Ankh (Place de l'Opéra), la Clef du…Destin !

A 16 ans, François Truffaut était membre actif du CINEUM Association des amis du Ciné-Art dont le siège se trouvait au n°33, Avenue Pierre 1er de Serbie (16e).

Alignée sur le Restaurant "Les 400 coups", cette adresse forme une ligne un peu moins précise qui traverse les mêmes clefs.

Les origines cachées de François Truffaut

Ce n'est qu'à l'âge de 36 ans, en 1968 que François Truffaut découvrira, grâce à un détective privé, la véritable identité de son père : un chirurgien-dentiste juif de Belfort appelé Roland Lévy…Il habite cette ville depuis 1954.

En septembre 1968, François Truffaut se rendra Boulevard Carnot, à Belfort pour guetter cet homme d'une soixantaine d'année, à la sortie de son cabinet dentaire.

Il le verra sans l'aborder la première et la dernière fois de sa vie.

Ce lien familial avec la ville de Belfort transparait dans le Code !

L'œil de l'Aigle qui regarde la rue François Truffaut crée une ligne qui traverse effectivement la rue de Belfort.

Enfin l'alignement profondément déstabilisant qui vous prend aux tripes : la rue où est né François Truffaut, le Lycée professionnel François Truffaut, la rue de Belfort et le Boulevard Carnot sont alignés, et cette ligne traverse la Clef du Destin : le centre de la boucle de l'Ankh, l'Opéra Garnier, à proximité duquel Roland Lévy exerça pendant quelques temps !

De plus, cette ligne traverse l'une des 4 rues qui encercle l'Opéra Garnier : la rue Halévy qui, phonétiquement, donne, la "rue à Lévi".

Une subtilité tout à fait dans l'esprit du Parisis Code pour nous donner le nom du père de François Truffaut...

François Truffaut dont Steven Spielberg était un grand admirateur, joua comme acteur principal, en 1977, dans le film américain mythique Rencontre du Troisième Type.

Il incarnait Claude Lacombe, un savant français, ufologue, témoin privilégié et acteur de la première rencontre officielle entre les humains et une race d'extraterrestre, au pied de la Devil's Tower, dans le Wyoming (U.S.A)...

Studios de Cinéma

A présent, que diriez-vous d'une ligne de 7,5 km à 9 paramètres regroupant les studios de Cinéma les plus mythiques ?

Elle existe, à Paris bien sûr ! Sa particularité est de ne pas être composée par des rues ou des clefs, mais d'éléments éphémères, comme les hôtels, bars et restaurants.

Partant du Musée du **Cinéma** (Cinémathèque française) au n°51, rue de Bercy, cette ligne passe sur l'Hôtel du **7ème Art** (n°20, rue Saint-Paul), passe à proximité des "Amis des **Cahiers du Cinéma**" (65, rue de Montmartre), sur l'Hôtel **Hollywood** Savoy (au n° 44, rue N-Dame des Victoires), trouve le bar The **Studio**, au n° 41, rue du Temple, puis un Bar-tabac au nom évocateur, Le **Hollywood**, au n°19, rue de Clichy.

La ligne passe ensuite sur la rue de la Trinité, où, au n°1, nous trouvons le bar Les **Comédiens** !

Notre ligne termine ensuite sa course dans la rue portant le nom d'un célèbre cinéaste, où se trouve le restaurant italien **Cinecitta** (n°89, rue Truffaut).

La rue **François Truffaut** se trouve d'ailleurs également sur cet axe, au sud.

Cinecitta est le nom de la Cité du Cinéma de Rome, fondée en 1937, où fut tourné de grands films hollywoodiens, comme Ben-Hur.

Le clap n'est pas le Cercle Littéraire des Amateurs de Popcorn mais un outil important, et désormais symbole du 7ème Art, utilisé lors du tournage d'un film, pour assurer la synchronisation du son et de l'image. Il est présenté un court instant devant la caméra au début de chaque prise.

Par quel miracle, aidé par une mystérieuse intervention divine, le restaurant **"le Clap"** (n°12, rue Edouard Lockroy), s'est-il retrouvé exactement sur la ligne reliant le Cours du 7ème Art, à l'Hôtel du 7ème Art ?

A cette adresse, nous trouvons également le Théâtre Côté Cour / Laboratoire de l'Acteur.

La ligne reliant le Cours du 7ème Art à l'Hôtel Stars (n°29, rue Salneuve) traverse le Bistrot des Cinéastes (n°7, Avenue de Clichy).

Les Cahiers du Cinéma est une revue de cinéma créée en avril 1951 par André Bazin.

Son siège social se trouve au n°18, rue Claude Tillier (12e); une rue qui se trouve dans l'alignement Sud du Cours du 7ème Art…

Mireille Darc (79 ans), icône du Cinéma des années 70 est morte le 28 août, jour de la Saint-Augustin en son domicile du n° 51, Avenue Montaigne.

Elle a formé un couple mythique avec le comédien Alain Delon. Un alignement nous le rappelle :

La ligne reliant le Mur des "Je t'Aime" (Square Jehan Rictus)au domicile parisien d'Alain Delon (n°30, rue Félicien David) passe sur la Place Saint-Augustin (qui donne la date de la mort de Mireille), sur le Rond-Point des Champs Elysées (Clef de la Célébrité), puis sur le n°51 Avenue Montaigne, adresse où vivait et où est décédée Mireille.

Elle était surnommée la "Grande Sauterelle", suite au film éponyme du réalisateur **Georges Lautner** dont elle fut le rôle principal en 1967.

La ligne reliant le restaurant "La Sauterelle" (n°57, rue Montcalm) à son adresse de décès, passe sur la Place Saint-Augustin datant sa mort…

La société de Georges Lautner, se trouve depuis 45 ans au n°2, rue Oswaldo Cruz.

La ligne reliant le Cours du 7ème Art à cette adresse, passe sur l'extrémité de la Fontaine de Varsovie (au Trocadéro), clef de la Création, du Code.

Georges Lautner est surtout connu pour avoir mis en image les plus fameuses répliques de **Michel Audiard** ; leur collaboration la plus célèbre restant le film de 1963 : "**Les Tontons flingueurs**".

Et maintenant, vous allez voir qui c'est Raoul ! Je vais vous travailler en férocité… Y va avoir un réveil pénible…

Écoutez, on s'connaît pas, mais laissez-moi vous dire que vous vous préparez des nuits blanches, des migraines, des *nervous breakdown*, comme on dit de nos jours.

Car moi les curieux, j'les soigne, j'm'en vais vous faire une démonstration, et une sévère !

Aux quatre coins d'Paris qu'on va les retrouver, éparpillés par petits bouts, façon puzzle, les paramètres spectaculaires…

Je sais vous allez me dire : "les cons, ça ose tout, c'est même à ça qu'on les reconnaît".

Eh bien, laissez-moi oser ! Alors, on se risque sur le "bizarre" ?

En effet, la ligne de 5,4 km reliant la Société de **Georges Lautner** (n°2, rue Oswaldo Cruz) à la Place **Michel Audiard**, passe sur la Clef de la **Communication** (Radio-France), sur bistrot de quartier **"Les Tontons"** (n°38, rue Raymond Losserand) et sur le n°2, rue de Brézin (14e) où **Michel Audiard** est né !

Ce bistrot **"Les Tontons"** possède la particularité de recréer l'ambiance du film "Les tontons flingueurs" !

Une précision incroyable mais vraie !

Comme vous pouvez le reconnaître : c'est du brutal, un véritable "tord boyaux" !

Au plafond de ce bistrot, on peut même lire l'une des phrases mythique du film : "*J'ai connu une polonaise qui en prenait au petit déjeuner*".

J'ai connu une polonaise qui en prenait au petit déjeuner

L'homme de la Pampa, parfois rude, reste toujours courtois, mais la vérité m'oblige à vous dire que je ne sais ab-so-lu-ment pas pourquoi et comment c'est ainsi ; je suis comme vous…, et comme vous, ça commence à me les briser menu !

Mais contentons nous d'admirer ce qui s'aparente à un miracle.

Michel Audiard a été renvoyé le 27 juillet 1985 tout droit à la "maison mère", au "terminus des prétentieux", 69ème division du cimetière de Montrouge. Il avait 65 ans.

La ligne reliant l'entrée ouest de ce cimetière à la Clef de la Mort (entrée Père Lachaise), crée une ligne qui passe sur la Place Michel Audiard.

Si vous allez aussi vite que je vous emmerde, pour une fois, vous serez en avance sur l'horaire.
(Les vieux de la vieille, 1960) - Dialogue Michel Audiard

Lino (Angiolino) **VENTURA** (1919-1987), célèbre acteur de cinéma d'origine italienne, fut un spécialiste des films noirs ou policiers.

Né à Parme, en Italie et mort à Saint-Cloud, région parisienne, il bénéficie d'une Place dans la Capitale agrémentée de son alignement symbolique.

Il consiste en une droite de 4,3 kilomètres joignant le Cours du 7ème Art (19ème arr.) à la rue de Parme (9ème arr.) qui traverse la Place Lino Ventura (9ème arr.).

Bonus supplémentaire : la ligne joignant le lieu historique de la première séance de Cinéma de l'Histoire à cette Place, coute le milieu de la boucle de l'Ankh !

LA DERNIERE SEANCE

La Dernière Séance fut une émission de FR3, consacrée au 7ème Art, et en particulier aux classiques du cinéma américain.

Elle fut présentée pendant plus de 15 ans (du 19 janvier 1982 au 28 décembre 1998) par le chanteur Eddy Mitchell (natif du quartier de Belleville), dans un vieux cinéma (classé monument historique) de Romainville : le Trianon.

A Paris, ces 2 paramètres peuvent être utilisés par substitution : il existe une rue de Romainville ; il existe également "Le Trianon"

une salle de spectacle bâtie en 1894, classée monument historique, situé au n°80 Boulevard de Rochechouart.

Elle a reçu les plus grands artistes de la Belle Epoque.

Ce fut ensuite une succursale de l'Opéra-Comique. Reconstruite en 1902 suite à un incendie, elle fut reconvertie en cinéma de 1000 places en 1938.

Sa dernière séance eu lieu en 1992. Restaurée en 2010, c'est aujourd'hui de nouveau une salle de spectacle.

Si nous relions Le Trianon de Paris à la rue de Romainville, on a la surprise de voir cette ligne passer sur le Cours du 7ème Art et le suivre sur toute sa longueur. Cet axe coupe ensuite la rue de Belleville…

La brasserie "La Dernière Séance", se trouve au n°24, Avenue de la République (11e). Pourquoi, le Grand-Œil qui regarde le Cours du 7ème Art, crée-t-il une ligne qui traverse précisément ce bar ?

Pourquoi l'œil de l'Aigle qui regarde l'Hôtel du 7ème Art, (20, rue Saint-Paul - 4e) crée-t-il une ligne qui traverse précisément ce bar ?

Un autre restaurant "La Dernière Séance", se trouve au n°5, rue Abel Hovelacque (13e), sur la ligne reliant la Place Henri Langlois (fondateur de la Cinémathèque Française et Musée du Cinéma) au n° 14, Boulevard des Capucines, où eut lieu dans le Salon indien du Grand café de l'Hôtel Scribe, la "première séance" payante de Cinéma de l'Histoire (Frères Lumière), le 28 décembre 1895 (naissance officielle du Cinéma).

Clin d'œil au Cinéma : on remarquera que la dernière séance de l'émission télévisée "La Dernière Séance", eu lieu le 28 décembre 1998.

Autre alignement étrange, qui laisse entrevoir la future ligne du destin d'Eddy Mitchell dans le Code :

L'Œil de l'Aigle qui regarde Le Trianon de Paris (représentant la "dernière séance"), crée un axe qui atteint le n°9 du Boulevard d'Algérie (19e) où le petit Eddy Mitchell (Claude Moine) passa son enfance.

L'axe passe sur l'hôpital Robert Debré où il est probablement né.

Eddy Mitchell est un grand passionné de cinéma, et il est étonnant de voir que cette adresse se trouve sur un axe formé par le n°14, Boulevard des Capucines (naissance officielle du Cinéma) et le Cours du 7ème Art.

Et sur cette ligne nous trouvons l'Olympia (où Eddy fit ses adieux en 2011, l'adresse du Golf Drouot (n°2, rue Drouot), la première discothèque rock de Paris, lieu mythique où Eddy Mitchell passa pour la première fois, en 1961, à la télévision, dans l'émission d'Albert Raisner "Age tendre et tête de bois".

Eddy Mitchell donne, sur la scène de l'Olympia le 5 septembre 2011, la dernière représentation de sa tournée *Ma dernière séance*, clin d'œil à l'un de ses tubes mais aussi à l'émission télévisée qu'il a présentée pendant dix-sept ans, faisant ainsi ses adieux à la scène.

L'œil de l'Aigle qui regarde le "Rock'nRoll Circus", au n° 10, rue André Antoine (18e), crée un axe qui vient trouver le n°9 du Boulevard d'Algérie (19e) où a vécu Eddy Mitchell !

Ne quittons pas ce chapitre consacré au cinéma sans parler de notre BB nationale…

BRIGITTE BARDOT (1934-201.) connue sous les initiales BB, est une des artistes de cinéma les plus célèbres sur la planète.

Mythe et sex-symbol des années 1950 et 1960, elle tourna dans 48 films en 21 ans de carrière.

Elle fut une star mondiale, égérie et muse des plus grands artistes de l'époque. Elle fut aussi un emblème de l'émancipation des femmes et de la liberté sexuelle. Cette chanteuse française a aussi plus de 80 chansons à son actif.

Militante de la défense animale, elle est fondatrice, en 1986, de la Fondation Brigitte-Bardot, 28, rue Vineuse (16ème arr.).

Brigitte Bardot est née à Paris le 28 septembre 1934, au n°5, Place Violet (15ème arr.). Issue d'un milieu bourgeois et d'un père industriel.

En 1949, elle entre au Conservatoire de Paris et suit des cours de comédie au Cours Simon.

La même année elle est engagée par le magazine ELLE dont elle fait la couverture le 8 mars 1950. Grâce à cette couverture, le réalisateur Marc Allégret la remarque et lui propose un rôle dans son film « Les lauriers sont coupés ».

C'est donc grâce à **ELLE**, dont le siège se situe 149, rue Anatole France à Levallois-Perret, qu'elle est née artistiquement.

Dans le Code, la droite joignant cette adresse et la Place Violet où elle est réellement née, passe par la Place du Trocadéro, clef symbole de fœtus, de naissance.

En 1952, elle épouse Roger Vadim et 4 ans plus tard à 22 ans, elle entre dans la légende du cinéma mondial, grâce au film *Et Dieu... créa la femme* (de Roger Vadim).

Il est amusant de constater que ce rapport avec Dieu se retrouve dans un alignement lié à la naissance de Brigitte Bardot : la droite joignant la pointe du bec de l'Aigle (point important, mais aussi création à travers le symbole du pic du sculpteur) à la Place Violet traverse la rue Dieu (10ème arr.).

Après un divorce et un remariage avec Jacques Charrier, elle accouche, en 1960 de son fils Nicolas, et fait une tentative de suicide 7 mois plus tard.

A cette époque, Brigitte Bardot habitait 71, Avenue Paul Doumer (16ème arr.). Les yeux du monde entier étaient braqués sur elle.

Et justement, l'œil de l'Aigle qui regarde cette adresse, forme une droite croisant le centre de l'Ankh et le Palais de la Découverte.

L'axe Zénith - 71, Avenue Paul Doumer traverse le Rond-point des Champs-Elysées notre clef de la Célébrité, le n°1 de la rue de la Pompe où elle passa une partie de son enfance, et la rue de la Tour, sa dernière adresse à Paris.

On remarquera que cette adresse se trouve sur l'axe joignant l'adresse du magazine **ELLE** à la Clef de la Communication (Maison de Radio-France).

Le destin de Brigitte Bardot était-il lié au Cinéma ? Je le crois sincèrement, et le Parisis Code ne va pas me contredire.

Tout d'abord, on constatera que la Place Violet qui l'a vu naître, se trouve exactement dans l'alignement Sud du Musée du Cinéma installé au Palais de Chaillot jusqu'en 2005.

La droite joignant cette place au nouveau Musée du Cinéma, à Bercy, passe avec précision sur la plus haute tour de Paris, la Tour Maine-Montparnasse. Message que l'on peut interpréter comme *Monument du 7ème Art*.

Enfin, la Place Violet alignée sur le fameux n° 14 du Boulevard des Capucines (naissance du Cinéma), donne un axe qui atteint le centre de la boucle de l'Ankh (Clef du Destin).

Pour finir, alignée sur le bout du Bassin-phallus du Trocadéro, Clef de la Création, la Place Violet forme un axe qui traverse l'entrée de l'ancien emplacement de la Cinémathèque Du Palais de Chaillot.

Le domicile de Brigitte Bardot, au n° 59, Boulevard Lannes (16ème arr.) qu'elle occupa longtemps, n'est pas non plus situé n'importe où. Il répond aux exigences du Code.

La pointe du bec de l'Aigle alignée sur cette adresse forme une ligne qui croise le Rond-point des Champs-Elysées (Clef de la Célébrité) et le parvis de l'Opéra Garnier (Boucle de l'Ankh et Clef du Destin).

En 1968, Charles de Gaulle proposa à Brigitte d'être le modèle du buste de Marianne exposé dans toutes les mairies de France.

Elle accepta et devint ainsi la première femme à incarner les traits du symbole français. Le buste sera réalisé par le sculpteur Aslan.

En 1973, elle se retire définitivement du 7e Art pour se consacrer à la défense des animaux.

Le 4 juillet 1986, pour célébrer le centième anniversaire de la statue de la Liberté, le premier ministre Jacques Chirac offrit aux Etats-Unis une figurine représentant Bardot, nue, prenant la même pose que la statue de Bartholdi, notre statue d'Isis.

Brigitte Bardot aura, n'en doutons pas, une voie prestigieuse dans Paris. Sera-t-elle choisie sur un des alignements énumérés dans ce chapitre ? Ce qui est certains, c'est que cette fois-ci, ce sera sous les yeux des parisiens, en toute transparence !

La vérité... 54 ans plus tard !

Il me revient à l'esprit le souvenir du seul tournage de film auquel j'ai assisté à Paris, en août 1960.

Il s'agissait d'une scène en extérieur de "La Vérité", un film d'Henri-Georges Clouzot, avec Brigitte Bardot, Sami Frey, Charles Vanel, Marie-José Nat, Paul Meurisse etc...

A l'époque, je passais une semaine de vacance chez mon oncle et ma tante qui habitaient Vanves (banlieue Sud).

Mon oncle, le canadien Jacques Dofny (1923-1994) professeur de Sociologie (qui fondra plus tard le Parti Socialiste Québécois), avait eu, en tant que sociologue et ami du grand sociologue Alain Touraine, l'opportunité d'accéder au deuxième étage de la Maison d'Auguste Comte * située au n°10, rue Monsieur le Prince (6e) et dont certaines fenêtres donnaient directement sur la rue Antoine Dubois, derrière l'Ecole de Médecine, où devait se dérouler le tournage.

A l'époque, en 1960, cette maison n'était pas encore ouverte au public. Rappelons qu'Auguste Comte (1798-1857) fut le fondateur de la Sociologie. C'est peut-être pourquoi les sociologues avaient accès à cet endroit... C'est ici qu'Auguste Comte est mort dans sa chambre, le 5 septembre 1857...

* Le Grand-Œil (Observatoire de Paris) qui regarde cette maison, crée une ligne qui traverse la rue Auguste Comte.

L'œil de l'Aigle qui regarde la statue d'Auguste Comte sur la Place de la Sorbonne, traverse la rue Auguste Comte).

Un gros projecteur avait été installé à la fenêtre, et je me souviens, par cette étouffante nuit d'été, de la chaleur épouvantable que j'ai dû endurer pour avoir le privilège d'admirer ce spectacle.

A gauche la fenêtre d'où l'on observait la scène, à droite la rue où se tournait le plan final de "La Vérité"

L'une des scènes capitales (et l'un des dernier plan du film) qui se tournait ici, était censée se dérouler la nuit et au petit matin, devant un petit hôtel. L'Hôtel Boileau…

Sami Frey passe toute la nuit à attendre Brigitte, près de l'hôtel où elle s'est installée.

Brigitte Bardot devait avoir une altercation avec son compagnon puis rentrer dans l'hôtel.

Pendant un temps interminable, se sont deux doublures qui répétèrent la scène, en attendant la venue de Brigitte, qui finalement n'est jamais venue…

Scénario de cette scène : La veille au soir, les deux amants étaient ensemble avec des copains. Puis elle est partie sur le siège arrière d'une moto, le temps de faire le tour du quartier, histoire de se griser. Et, depuis, plus de nouvelles. Sami se fait un sang d'encre toute la nuit. Au petit matin, Brigitte arrive, en taxi. C'est l'explication…

Henri-Georges Clouzot tourna ce film sur la jeunesse en 1960, alors que la Nouvelle Vague déferlait !

Ce film révéla le talent de tragédienne de Brigitte Bardot, insouciante et volage, au zénith de sa beauté.

Très perturbée par le rôle tragique qu'elle incarnait, B.B fit une tentative de suicide peu de temps après…

54 années plus tard, je m'aperçois que ce petit épisode de ma vie resurgit d'une manière extrêmement troublante dans le Code que j'ai découvert, et ce par un extraordinaire clin d'œil.

En effet, comme je l'ai déjà signalé, il existe plusieurs clefs de la Vérité dans Paris : le Passage Vérité (du Palais-Royal), la Fontaine "la Bouche de la Vérité" sur la Place Jussieu, et une statue "la Bouche de la Vérité" proche de la sortie Est (Place Edmond Rostand) du Jardin du Luxembourg.

BOUCHE DE LA VERITE (Place Jussieu)

Jardin du Luxembourg

1er Arr
PASSAGE
VÉRITÉ

Et l'on constate ébahi que la ligne reliant le lieu du tournage de "La Vérité" au Musée du Cinéma (Cinémathèque Française), passe exactement sur la Fontaine "la Bouche de la Vérité" de Jussieu. Comme pour nous narguer, cet axe atteint à l'ouest de Paris le restaurant "La Coïncidence" au n° 15, rue Mesnil (16e) !

Dans le film "La Vérité", le personnage joué par Brigitte Bardot loue une chambre meublée à l'Hôtel Boileau.

Hôtel qui fut reconstitué au n° 8, rue Antoine Dubois pour les besoins du film... Les coutes scènes qui se déroulent ici apparaissent à la 34ème et 39ème minute du film.

ci-dessus, capture d'écran du film La Vérité (d'Henri G Clouzot)-1960.

Il existe bien un Hôtel Boileau à Paris, mais il se trouve 5,7 kilomètres plus loin, au n°81, rue Boileau (16e).

Il est amusant de constater que lorsque l'on trace une ligne joignant cet hôtel et l'endroit où il fut reconstitué, celle-ci passe ni plus ni moins que sur la Place Violet (15e) où naquit en 1934, Brigitte Bardot, au n°5!

Le lieu du tournage se trouve aussi sur la ligne reliant le Passage Vérité du Palais-Royal, à "la Bouche de la Vérité" du Luxembourg.

Un autre détail m'intrigue : lorsque je monte à Paris, j'ai l'habitude de descendre à l'hôtel B&B de Malakoff…

Pourquoi l'œil de l'Aigle qui regarde cet hôtel crée t'il une ligne qui passe précisément sur le lieu où fut tourné La Vérité ? Qui s'amuse ainsi, à me tourmenter ?

LES FANTAISISTES

COLUCHE

Dans le Parisis Code, l'oeil de l'Aigle qui regarde le domicile de Coluche au n°11, rue Gazan (près du Parc Montsouris), forme une ligne de 7,7 kilomètres qui traverse avec précision la... Place Coluche !

Le 19 juin 1986, Coluche, 41 ans, est victime d'un grave accident de moto, et meurt à Opio une petite commune des Alpes-Maritimes, près de Grasse.

Le Parisis Code est-il capable d'apporter ce genre de précision plutôt improbable ?

Aussi incroyable que cela puisse paraître, cela est bel et bien indiqué, et cela depuis le 14 juin 2011, jour où fut inaugurée Place de la Libération à Montrouge (Hauts de Seine), la statue de Coluche.

Très originale, il ne s'agit pas d'une statue traditionnelle, mais de la fameuse salopette, tenue de scène de Coluche, en bronze, 1m57, 120 kg, mais… vide.

Intitulée "*A Coluche*", elle a été créée par le sculpteur montrougien Guillaume Werle.

Il s'agit d'un Clin d'œil à la sculpture de Rodin *À Balzac* qui le représente par sa robe de chambre,

Celui-ci trône désormais sur cette place devant la Brasserie Rubeo Monte, comme un homme invisible, laissant place à l'imaginaire et au souvenir, mais insistant sur sa présence toujours très vivante dans l'esprit des Français.

La mythique salopette Oshkosh rayée blanc et bleu qu'il portait à ses débuts a été inventée en 1895 aux Etats-Unis et porte son nom d'après la ville dont elle est originaire dans le Wisconsin.

En effet, il existe bien à Paris un point géographique destiné à la ville d'Opio. Il s'agit d'un petit restaurant provençal : la Bastide d'Opio, qui se trouve au n° 9 rue Guisarde.

La ligne reliant la statue de Coluche à La Bastide d'Opio passe exactement sur l'entrée du cimetière de Montrouge où repose Coluche ! La ligne passe à quelques mètres seulement de sa tombe (66ème division).

L'axe formé par La Bastide d'Opio et l'adresse parisienne de Coluche (n°11, rue Gazan) nous amène sur... le siège social des Restaurants du Cœur, au n°8, rue d'Athènes !

Mais cette statue de Coluche nous en dit plus. Elle indique la date de sa mort, le 19 juin 1986, jour des Saints Gervais et Protais dont une église se trouve à Paris, Place Saint-Gervais.

Le Grand Œil (Observatoire de Paris) qui regarde la statue de Coluche, forme un axe qui touche cette église. L'axe, comme un remerciement passe sur le Panthéon.

Une façon pour le Code et son mystérieux créateur, d'offrir symboliquement un Panthéon Virtuel à ce clown qui a eu l'idée géniale d'aider les plus démunis en créant les Restau du Cœur.

Avec ce dossier "Coluche", je pensais avoir tout vu. Je pensais que le cas de la chanteuse Barbara était mon cas le plus fantastique.

Je suis désormais obligé d'admettre que j'ai trouvé mieux...

En 1984, Coluche a obtenu le César du meilleur acteur pour son rôle dramatique dans Tchao Pantin...

On sait que 2 ans plus tard, le " pantin" nous a dit "Tchao" à Opio, le jour de la Saint Gervais...

Incroyable mais vrai, par un fabuleux clin d'œil, le Code nous donne carrément cette information !

En effet, il existe en banlieue parisienne, à Pantin, au n° 22, rue Etienne Marcel, un restaurant providentiellement nommé "Tchao Pantin".

En le reliant à la Place Saint Gervais (19 juin - date du décès de Coluche), nous obtenons un axe qui atteint le restaurant La Bastide d'Opio !

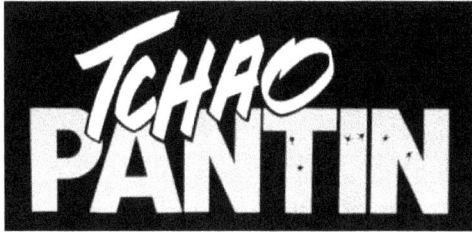

Coluche Président !

Une des dernières provocations de Coluche fut de se présenter aux élections présidentielles de 1982, face à Mitterrand et Giscard d'Estaing. Ce clin d'œil est gravé dans le Code.

L'axe formé par l'Observatoire de Paris (le Grand Œil) et la Place Coluche se dirige tout droit sur le Palais de l'Elysée en ayant soin de passer sur le n°10 de la rue de Solferino, siège du parti socialiste. Un film sortit le 15 octobre 2008 retrace cette folle période.

La vision de Coluche

Dans son sketch « misère » tenu en 1978, où il chante un refrain bien connu, Coluche dit :

De toute façon, ça ne va pas durer, parce que… Attention, attendez que la Gauche passe, vous allez voir, en 2012, attendez que la Gauche passe, vous allez voir.

Comment interpréter ses paroles ? Savait-il que 2012 serait une année importante pour tous ceux qui s'intéressent aux prophéties? Qui évoquait la date fatidique de 2012, en 1978 ?

Ensuite, comment savait-il qu'il y aurait des élections en 2012, et que la Gauche « passerait »?

A l'époque, les mandats présidentiels étaient de 7 ans. Ce n'est que sous Chirac, en 2000, qu'on est passé au quinquennat donnant des élections en 2002, 2007 et 2012.

Dans la logique de l'époque de Coluche (mort en juin 1986), on devait avoir des présidentielles en 1995, 2002, 2009 et 2016 ; pas en 2012 ! Est-ce un anachronisme explicable ?

La dernière provocation de Coluche fut d'« épouser » *pour le meilleur et pour le rire*, à Montmartre, le 25 novembre 1985 (jour de la Sainte- Catherine), le fantaisiste Thierry Le Luron.

La droite reliant la rue Thierry Le Luron (Levallois Perret) au domicile de Coluche, traverse le siège d'Europe 1 (n°26 bis, rue François 1er), symbole de médiatisation.

Putain de camion !

Il y a 30 ans, le 19 juin 1986, Coluche trouvait la mort à bord de sa moto dans un accident de la route à **Opio** en Provence, où il s'était installé récemment pour préparer son nouveau spectacle.

A Paris il existe une Sarl "Dix Neuf Cent Quatre Vingt Six (1986) situé au n°67, rue de Tocqueville...

1) - Le Grand Œil (Observatoire de Paris), qui regarde cette adresse, crée un axe qui, au Sud, rejoint la Place Coluche.

C'est un **camion** qui est à l'origine de l'accident qui fut fatal à Coluche...

2) - Etrangement, la ligne joignant la statue de Coluche (Place de la Libération à Montrouge) ou encore la tombe de Coluche (cimetière de Montrouge) au restaurant "**Le Camion qui fume**" (168, rue Montmartre) traverse avec précision le restaurant "La Bastide d'**Opio**" (n°9, rue Guisarde) !

Le hasard a fait que, lors de mes vacances à Antibes, fin juin 2016, je me suis retrouvé 30 ans plus tard à cet endroit même ... où une stèle venait d'être récemment posée en son souvenir.

Deux mille motards venus de Villeneuve-Loubet avait formé un cortège à cette occasion.

Je me suis penché de nouveau sur son cas dans le Parisis Code...

Notons que jusqu'à présent, seul le restaurant "La Bastide d'Opio" (n°9, rue Guisarde) avait généré des lignes très troublantes en rapport avec le lieu du décès de Coluche...

Ce que j'ai découvert à présent est tout aussi incroyable.

Depuis mai 2016, un nouveau point s'est miraculeusement créé dans Paris concernant Opio.

Il s'agit de **Opio Consulting** situé au n°38, rue Dunois.

3) La ligne reliant cette adresse à l'emplacement exact de la tombe de Coluche, dans le sud du cimetière de Montrouge (sud de Paris), passe exactement sur la Place Coluche.

4) La ligne reliant Opio Consulting à la statue en bronze de Coluche située sur la Place de la Libération à Montrouge, passe exactement su le domicile parisien qu'il occupait au n°11, rue Gazan !

L'accident de Coluche s'est déroulé sur la commune d'Opio, au croisement de la route de Cannes et du **chemin du Piol** à Opio.

A cet endroit, le Rond-Point du **Piol** a été rebaptisé "Rond-Point Coluche".

A Paris **Le Piol** est représenté par la Sarl Le Piol (142, rue de Rivoli). La ligne reliant la Place **Coluche** au restaurant "**Le Camion qui fume**" (168, rue Montmartre) traverse avec précision la Sarl **Le Piol** (142, rue de Rivoli).

L'héritage le plus important de Coluche, est avant tout la création des "Restos du Coeur " dont le siège se trouve au n°8, rue d'Athènes.

5) La ligne reliant cette adresse à Opio Consulting, traverse le chœur... de Notre-Dame de Paris !

Les fils de Coluche s'appellent Romain et Marius Colluci.

Depuis 1994, ceux-ci ont créé leurs Sociétés "Monsieur Marius Colluci " et "Monsieur Romain Colluci "situées toutes deux au n°12, rue Georges Braques (14e). Où se trouve cette adresse ?
Exactement au centimètre près sur la ligne reliant la tombe de son père Coluche à son ancien domicile familial (acheté en 1976) du n°11, rue Gazan où Marius a toujours habité depuis sa naissance, en 1976 et son frère Romain depuis l'âge de 4 ans !

Albert et le "Putain de camion"

Putain de camion est une chanson de Renaud écrite en hommage à son ami Coluche (parrain de sa fille). Renaud l'a écrite quelques jours après l'annonce du décès.
L'identité du chauffeur de ce camion de 38 tonnes (8017 TX 06), responsable de la mort de Coluche a récemment été révélée (en juin 2013), par l'hebdomadaire "Le Petit Niçois" : il s'appelle Albert… et il a bientôt 76 ans. Et bien figurez-vous que dans le Parisis Code, ce prénom est associé à la mort de Coluche.
En effet, la ligne reliant la rue Albert au restaurant Tchao Pantin (22, rue Etienne Marcel à Pantin) passe exactement sur la Clef de la Mort du Code : l'entrée du cimetière du Père Lachaise !
La ligne reliant la rue Albert à la tombe de Coluche (cimetière de Montrouge), passe exactement sur sa dernière adresse à Paris : le n°11, rue Gazan !

C'est l'Abbé Pierre qui prononça à Montrouge, l'oraison funèbre de Coluche.
On remarquera que les Jardins de l'Abbé Pierre (13e), la rue Albert (le responsable de sa mort), le domicile de Coluche (n°11, rue Gazan) et sa tombe (cimetière de Montrouge) sont sur une même ligne….Quelle coïncidence, tout de même !
Le 25 septembre 1985 Coluche bas le record du monde de vitesse du kilomètre lancé au guidon d'une Yamaha 750.
Les 1000 mètres ont été abattus en 13,9 secondes sur le circuit de Nardo au Sud de l'Italie.
L'œil de l'aigle qui regarde la Place Coluche, passe sur le Record bar, au n°7 bis rue des 3 bornes (11e)…
C'est au cabaret "Chez Bernadette", à la fin des années 1960, au n° 16 rue des Bernardins que Michel Colucci apprivoise les

verres tout d'abord, puis... les planches et devient le célèbre Coluche...

Il a 23 ans, il est repéré par Moustaki qui l'aide financièrement et l'héberge. Mais surtout, il rencontre Romain Bouteille... qui lancera sa carrière.

Destin : L'œil de l'Aigle des Buttes-Chaumont qui regarde la tombe de Coluche crée une ligne qui passe exactement sur ce cabaret "Chez Bernadette"... mais aussi sur le Panthéon (clef de la Notoriété) les hommes célèbres...

Etrangement dans le Code, nous trouvons alignés la dernière adresse de Coluche, la Place Coluche et l'adresse de Moustaki, rue des deux ponts, dans l'île de la Cité

Quel est le point commun qui unit le fantaisiste Coluche et... James Bond ?

Coluche est mort à Opio, sur la Côte d'Azur tout comme Dušan Popov, l'espion qui inspira à Ian Fleming le personnage de l'Agent 007...

Dušan Popov, alias Tricycle (pour les Anglais) et Ivan (pour les nazis), né (1912-1981) à Opio, était un agent double (anglais-allemand), qui a surtout travaillé en Europe.

Ian Fleming s'en est fortement inspiré, notamment lorsqu'il le rencontre à l'hôtel Palacio à Lisbonne pendant la Seconde Guerre mondiale où le Serbe mise, sur une seule donne, les 38 000 dollars de ses frais de mission sur une table de baccara et remporte le coup au bluff...

Le FBI fit interdire les mémoires de Popov pour protéger la réputation de son ancien chef J. Edgar Hoover, qui à l'époque n'avait pas pris en compte les avertissements Popov concernant Pearl Harbor, avertissements qui se sont révélés fondés. L'attaque fit 2 403 morts et 1 178 blessés, et l'entrée des Etats-Unis dans la Seconde Guerre Mondiale.

La Station-Service

Tchao pantin est un film de **Claude Berri** (1983) qui fut l'un des plus primés aux Césars... Coluche y jouait le rôle d'un pompiste dont la Station-Service Total se trouvait sur la Place de la Chapelle, à l'angle de la rue Pajol...

Aujourd'hui, la ligne de 7,4 km reliant le restaurant **Tchao Pantin** (n°21, rue Etienne Marcel, à Pantin (Nord Est de Paris) à la rue de **Berri** (8e) passe exactement sur l'emplacement où se trouvait cette Station-Service. Cette station n'existe plus; remplacée par un immeuble d'habitation.

L'Espace Claude Berri est un lieu consacré à l'art contemporain, situé depuis 2008, au n°4, Passage Sainte-Avoie, ouvert par le cinéaste Claude Berri. La ligne reliant cet espace à l'Arc de Triomphe, passe sur la rue de Berri...

Oui, les moindres détails figurent dans le Parisis Code !

THIERRY LE LURON

Le fantaisiste et imitateur Thierry **Le Luron** (1952-1986) est né au n°19, Boulevard Arago, dans la maternité de la Clinique Villa Isis (aujourd'hui fermée), le 2 avril 1952 ; il est mort le 13 novembre 1986, jour de la Saint-Nicolas à la Clinique du Belvédère (aujourd'hui fermée), au n°44, rue de la Tourelle, à Boulogne Billancourt (derrière le Parc des Princes).

Il débuta son enfance parisienne au n°9, rue d'Italie.

Première constatation : l'axe Villa Isis - rue d'Italie nous mène sur l'entrée de l'Opéra Garnier, boucle de l'Ankh.

Ce signe important laissait déjà présager d'un destin lié au chant… à la voix, mais avant tout d'un destin exceptionnel.

Autre étrangeté, la ligne reliant ses lieux de naissance et de décès passe exactement sur le Grand Œil du Code, l'Observatoire de Paris !

La rue Thierry Le Luron se trouve à Levallois-Perret, siège des grands journaux à scandales *Ici Paris* et *France Dimanche*.

Ici Pourris et France-Démence comme disait à juste titre son ami Coluche…

La droite joignant la rue Thierry Le Luron à la rue Saint-Nicolas (12ème arr.) passe par la boucle de l'Ankh.

La droite joignant la rue Thierry Le Luron à la rue d'Italie traverse la Clef de la Célébrité (Rond-point des Champs-Elysées) !

La carrière de Thierry Le Luron débuta exactement le 15 février 1970, jour de la Saint-Claude, à l'occasion de l'anniversaire de Jean Nohain, premier personnage public qu'il imita déjà à l'âge de 15 ans, avec le Ministre Chaban-Delmas.

Deux personnages qui lui apportèrent le Triomphe.

L'œil de l'Aigle qui regarde la rue Thierry Le Luron, forme une ligne qui traverse la rue Jean Nohain (19ème arr.) !

Parallèlement il triomphait au cabaret Don Camillo (10, rue des Saints Pères), le *Temple de l'humour et de la gastronomie*, à *l'Echelle de Jacob* (12, rue Jacob).

Détail important qui transparait dans le code d'une façon éclatante.

L'axe rue Thierry Le Luron - Cabaret Don Camillo (ou l'Echelle de Jacob) mène symboliquement sur le… Panthéon !

A ses débuts, c'est à Bobino que Thierry Le Luron fit plus de 60 représentations. L'axe rue Thierry Le Luron – Bobino traverse les deux « grands » de Paris : la Tour Maine-Montparnasse et le Tombeau de Napoléon.

La ligne matérialisée par la rue Saint-Claude et la rue Thierry Le Luron passe sur l'extrémité du bras Est de l'Ankh. Une figure qui évoque la passation d'un pouvoir ou d'un sceptre.

La ligne joignant la rue Thierry Le Luron à l'Esplanade Chaban-Delmas passe sur l'Arc de Triomphe !

Il imitait particulièrement bien Chaban-Delmas…

Thierry Le Luron fut aussi le critique le plus acerbe du Président François Mitterrand.

Etrangement, dans le Parisis Code, Thierry Le Luron, est aussi ciblé avec sa tête de turc François Mitterrand.

En effet la rue Thierry Le Luron se trouve sur la droite qui regroupe la rue François Mitterrand (Ivry/Seine), la Cour du Sphinx du Louvre et le quai François Mitterrand.

Thierry Le Luron dînait souvent au restaurant gastronomique Taillevent (15, rue Lamennais) il en avait fait un peu sa cantine.

Etrangement le restaurant Taillevent est clairement indiqué dans le code.

En effet le Grand Œil qui regarde la rue Thierry Le Luron, forme une droite qui traverse précisément ce restaurant !

La dernière adresse de Thierry Le Luron à Paris était située au n°187, Boulevard Saint-Germain.

Incroyable mais vrai, si nous traçons une ligne joignant la rue Thierry Le Luron à son lieu de naissance (Villa d'Isis), elle touche exactement cette adresse !

Une précision phénoménale puisque ces deux points son distant de 8,5 kilomètres. Non, ce ne peut pas être une coïncidence !

La dernière provocation de Thierry fut enfin d'*épouser pour le meilleur et pour le rire* dans la Commune Libre de Montmartre, le 25 novembre 1985 (un an avant sa mort), un autre joyeux luron, le fantaisiste Coluche.

Au moment de son décès, Thierry triomphait au Théâtre du Gymnase Marie Bell (n°38, Boulevard Bonne-Nouvelle).

Dernier pied de nez du code : l'œil de l'Aigle qui regarde la Clinique du Belvédère (n°44, rue de la Tourelle, à Boulogne Billancourt) où il est mort, forme une ligne qui traverse avec précision le Théâtre du Gymnase ! Qu'en conclure ?

Dans ce dernier cas, son nom n'est inscrit nulle part, et pourtant le rapprochement est troublant !

Lors des ultimes galas qu'il assura durant l'été 1986, Thierry prenait congé de son public avec cette phrase : « *Je dois vous laisser, ma tombe ferme à minuit. Le mourant vous salue !* ».

Même si on le voyait souvent avec des femmes (il en a aimé deux), il est possible qu'il fut bi ou homosexuel. Il n'a jamais communiqué sur sa vie privée…

Par contre il est certain qu'il avait eu une liaison avec un danseur argentin des ballets nationaux de Cuba, Jorge **Lago**, avec qui il vivra un amour passionné à partir de 1975.

Ce dernier qui fut aussi l'amant du couturier Yves Saint Laurent est mort du sida quelques mois avant Thierry, et la même année (1986), aux Etats Unis. Son compagnon Daniel Varsano mourra lui aussi de cette maladie deux ans plus tard.

Jorge **Lago**, également chanteur, avait envoûté Thierry dans une émission de télévision, en chantant "je veux être aimé de toutes les filles de France"

Le nom Lago dans le Code est représenté par **Lago** Store, au n°197, Boulevard Saint-Germain, exactement sur la ligne reliant la rue Thierry Le Luron à son lieu de naissance (Villa Isis), n°19, Boulevard Arago).

Fernand Raynaud

Thierry le Luron raconta qu'en août 1973, il avait invité le fameux amuseur auvergnat Fernand Raynaud (1926-1973) dans un restaurant de Cannes où ils se sont retrouvés treize à table.

En rigolant, Fernand Raynaud avait eu une remarque qui s'avéra prémonitoire : "*Ne t'en fais pas ! C'est toujours le dernier arrivé qui a la poisse et c'est moi qui vais faire le treizième.*"

Un mois plus tard, il se tuait, avec son coupé Rolls Royce Silver Shadow contre le mur d'un cimetière, à 20 km au nord de Clermont-Ferrand. Il n'aimait pas la Rolls ! Il disait qu'elle ne tenait pas la route…

Fernand Raynaud, habita de 1946 à 1956 au n°32, rue Piat où il avait une entreprise. La rue Fernand Raynaud, un escalier entre deux murs où personne n'habite, se trouve à proximité…

La ligne joignant le concessionnaire Rolls Royce, au n°122, Avenue du Général de Gaulle (Neuilly/Seine) à la rue Fernand

Raynaud, traverse la rue de Paradis, le n°32, rue Piat, et croise la Villa Faucheur, symbole de Mort.

Fernand Raynaud est mort le 28 (septembre 1973) : la ligne reliant le centre de la Grande Croix du Christ à la rue Fernand Raynaud, passe sur le bistrot "Le 28" (28, rue Franklin Roosevelt) et dans la boucle de l'Ankh (Destin).

Un simple claquement de doigt...

Tout le monde connaît désormais la série populaire de TF1 (comédie dramatique) magistralement interprétée par Mimie Mathy : Joséphine Ange Gardien.

La comédienne campe depuis 1998, le personnage sympathique de Joséphine Delamare qui est en fait un ange gardien chargé d'aider certains humains en difficulté...

Le Parisis Code, aussi incroyable que cela paraisse, s'est intéressé à ce personnage, et nous montre, par un simple claquement de doigt, qui est vraiment cette Joséphine Delamare...

En effet, Paris possède une rue Joséphine (18e) et une rue de la mare (20e).

D'après vous, quelle probabilité existe pour que ces deux rues distantes de 4,850 km, nous mènent à un ange gardien clairement nommé ?

Et là, nous ne sommes pas dans une interprétation !

En effet, l'axe formé par ces deux rues nous mène directement sur le n°189, rue des Pyrénées (20ème), au restaurant l'Ange Gardien, derrière le cimetière du Père Lachaise !

De plus cette ligne traverse la rue Albert Camus ; un clin d'œil au producteur de Mimie Mathy : J-C Camus

(*Camus* et *Camus* production - n° 6, rue Daubigny).
On peut estimer que c'est le personnage de Joséphine Delamare qui a fait triompher Mimie Mathy (1957-20..)...

La ligne reliant l'Arc de Triomphe à son restaurant (et de son époux Benoîst Gérard) la Grange-Batelière (n°16, rue Grange-Batelière), crée un axe qui atteint la rue de la mare...
Enfin, il existe une Sarl L'Ange Gardien située au n° 58, Boulevard de Sébastopol.
En la reliant au restaurant de Mimie Mathy, on obtient une ligne qui passe sur son double virtuel en cire qui figure au Musée Grévin depuis décembre 2003!

PALME D'OR
FESTIVAL DE CANNES

Les Oscars (américains) et la Palme d'Or (française) sont les plus prestigieuses récompenses du Cinéma. La Palme d'Or (118 g d'or) est remise chaque année, à l'issu du Festival de Cannes.
Le Festival International du Film de Cannes est le grand Marché du Film ; il a son adresse à Paris, au n° 3, rue Amélie (7e).
Cette adresse se trouve sur la ligne Clef de la Communication - SCI Palme d'Argent (18, Avenue de l'Opéra) - restaurant Oscar (15, rue des Pyramides) - Cours du 7ème Art ! Pourquoi une Palme d'Argent?

Sur le blason de Cannes figure une palme d'argent. C'est ce qui a inspiré la fameuse Palme d'Or.

L'œil de l'Aigle qui regarde le restaurant La Palme (28, Avenue de la Porte des Poissonniers) crée un axe qui atteint le Cours du 7ème Art !

C'est la joaillerie suisse Chopard qui depuis 1997, a l'exclusivité de la réalisation de la Palme d'Or. Son siège social se trouve au n°100 rue du Faubourg Saint-Honoré (8e).

La ligne reliant le Cours du 7ème Art (19e) au Traiteur La Palme D'or (63, Avenue des Champs-Élysées) passe exactement sur le Siège Social de la joaillerie Chopard !

LA PHOTOGRAPHIE

On a pu constater l'étrange présence au sein de l'Ankh parisien, de découvertes clefs pour l'humanité.

Un homme de génie, Félix **NADAR** (1820-1910), qui a fait le trait d'union entre ces deux découvertes majeures que sont le cinéma et la « tête lunaire », se devait de figurer lui aussi, sur la grande croix de Vie.

En 1858, Nadar à la tête d'un atelier photographique, est l'un des pionniers du photo-portrait, réussit la première photographie aérienne de l'histoire (au-dessus du Petit Clamart) depuis un ballon.

En 1859, il s'installe somptueusement au n°35 boulevard des Capucines, dans l'atelier de Gustave Le Gray, autre génie de la photographie.

En 1863, il se lance dans l'aventure de la navigation aérienne, notamment pendant le siège de Paris.

En 1867, il fonde « L'aéronaute », une revue aéronautique mensuelle qui avait comme but l'encouragement du développement technologique du plus lourd que l'air et plus particulièrement de l'hélicoptère.

Il met également au point l'éclairage électrique qui permet de photographier la nuit. En 1870, Jules Verne, son meilleur ami, a fait de lui, sous le nom de Michel Ardan, un de ses héros, savant-aventurier. Nadar est l'un des pionniers du photo-portrait.

On notera l'étrange rapport de Nadar avec la grande sculpture lunaire découverte par Gruais : c'est une photo aérienne qui ressemble à un portrait. La fosse ou cratère carré dans lequel elle se trouve, encadre le sujet. Nadar a photographié la plupart des grandes célébrités de son époque (Sarah Bernhard etc…).

Soyons en certain, le jour où la **NASA** décidera de montrer la photo du Visage Lunaire prise à basse altitude et en haute définition, il deviendra le plus célèbre portrait de tous les temps, bien avant la Joconde !

Dans la boucle de l'Ankh, décidément vouée à la photographie, on trouve la compagnie Photo-Hall qui fut, dès la fin du dix-neuvième siècle, un des plus grands distributeurs français de matériel photographique. Une des constantes de Photo-Hall fut son adresse, le 5, rue Scribe, juste derrière l'Opéra.

Le logo Photo-Hall utilisa longtemps le symbole de l'Opéra Garnier.

Mais j'avais gardé le meilleur pour la fin de ce chapitre ; la consécration faite par le Code pour l'extraordinaire découverte de Gruais. Il associe sur la même ligne :

1) La rue **NIEPCE** (de Nicéphore Niepce l'inventeur de la Photographie aérienne) située dans le 14ème arrondissement.

2) Le square Félix Nadar (l'inventeur de la Photographie aérienne), 18ème arrondissement.

3) Guy Gruais (le directeur du département photo d'I.B.M Europe) à travers son laboratoire 20, rue de la Michodière, à Paris (2ème arr.) lieu de sa découverte.

Jacques **DAGUERRE** (1787-1851) est avec Niepce et le physicien britannique William Henry **FOX TALBOT** (1800-1877) l'inventeur de la photographie. Il s'associa à Niepce pour perfectionner l'invention de la photographie. Daguerre possède à Paris une rue longue de 640 mètres.

Cette rue Daguerre (14ème arr.) est soigneusement dirigée sur la Maison de Radio-France… qui lui doit beaucoup !

Nous trouvons aussi sur la droite qui joint le milieu de la rue Daguerre à l'Arc de Triomphe… la Tour Maine-Montparnasse.

A l'emplacement de l'actuelle Place de la République crée par Haussmann en 1854, Daguerre possédait vers 1822, son laboratoire où il fit progresser la photographie.

Il est d'ailleurs amusant de constater que l'œil de l'Aigle nous l'indique.

En effet, la droite milieu de l'Œil - rue Daguerre traverse la Place de la République !

Pour confirmer que ces améliorations ont contribué à l'invention du Cinéma, la droite partant de la Place de la République alignée sur le n° 14 du Boulevard des Capucines (1ère séance publique) et le n°35 Boulevard des Capucines (laboratoire de Nadar) atteint l'Arc de Triomphe.

Enfin Daguerre est vraiment en prise directe avec le Parisis Code. En effet, il est né à Cormeilles-en-**PARISIS** et fut chef décorateur de l'Opéra Garnier (la boucle de l'Ankh) entre 1816 et 1822 ! Peut-être est-ce la raison pour laquelle la rue Daguerre prend sa naissance dans l'alignement Sud de l'Opéra.

Le **Centre National de la Photographie** est installé depuis 1993 dans l'ancien Hôtel Salomon de Rothschild. (Sud du parc Monceau).
La droite joignant le Square Nadar (à Montmartre) à ce centre, passe sur l'Arc de Triomphe et la rue Léonard de Vinci.

En janvier 1839, François **ARAGO** a rendu public le secret de la photographie devant les Académies des sciences et des Beaux-Arts réunis, en leur présentant les premières photographies de l'Histoire.
Arago a fait voter la *loi sur la photographie*. L'état acquiert l'invention pour en faire don au monde ; il versa ensuite une rente à vie à Jacques Daguerre et au fils de Nicéphore Niepce.
Dans le Code, la rue Daguerre, la rue Niepce et le Boulevard Arago sont alignés !

BRASSAI (1899-1994) est un photographe parisien d'origine hongroise qui fut surnommé en 1932, *l'œil de Paris*. Il est considéré comme l'un des plus grands photographes du XXème siècle.
Le Square Brassai (13ème arr.) est sur l'axe Tour Eiffel - Observatoire de Paris (le Grand Œil du Code). Cette ligne touche le cimetière de Montparnasse où il repose.

Le Studio **HARCOURT**, célèbre studio photographique de Paris est, depuis 1934, le passage obligé des personnalités du Tout-Paris.
Symbole d'une sorte d'entrée au Panthéon des Grands de la vie mondaine parisienne, il fut créé par les frères Delacroix en 1934, rue Christophe Colomb.
A partir de 1938, le Studio fut installé dans un fastueux hôtel particulier, au n°49 de l'Avenue d'Iéna (16ème arr.).
C'est là que les célébrités (artistes, peintres, politiques et sportifs) venaient prendre la pose.
En 2002, le Studio Harcourt fut transféré au n°10, rue Jean Goujon (8ème arr.).

Comme tout ce qui touche aux personnalités, à la célébrité, ce studio prestigieux possède une place de choix dans le Code.

Une place en relation avec l'œil… naturellement.

L'œil de l'Aigle aligné sur la clef de la Création, le Parvis du Trocadéro, traverse l'adresse actuelle de la rue Jean Goujon.

On constatera également que cette adresse se trouve sur la droite symbolique reliant le Panthéon à la Place de l'Etoile.

Sur cette ligne se trouve la toute première adresse de la rue Christophe Colomb.

On la trouve aussi sur celle reliant le Square Nadar à la Tour Eiffel.

Nadar était le célèbre photographe qui, à l'image du Studio Harcourt, immortalisa la plupart des personnalités de son époque.

Bref, c'est à croire que les propriétaires actuels du Studio Harcourt ont voulu respecter le Code en choisissant le nouveau lieu.

La pointe du bec de l'Aigle, montrant les points importants, alignée sur l'ancienne adresse de l'Avenue d'Iéna, donne une ligne traversant la boucle de l'Ankh.

Comme un clin d'œil, l'axe formé par la Cour du Sphinx et le n°49 de l'Avenue d'Iéna, traverse le centre de la croix du Christ (Bellator).

Une manière de nous montrer le rapport entre le Studio Harcourt et les frères Delacroix ?

C'est en tout cas tout à fait en accord avec l'esprit du Code dans lequel les moindres détails peuvent parfois être retrouvés.

Le Studio Harcourt possède la même fonction prestigieuse de mémoire que le Musée Grévin, aussi n'est-il pas étonnant de voir la ligne reliant ces deux institutions, traverser la boucle de l'Ankh, au niveau du parvis de l'Opéra Garnier.

De même, nous trouvons au 16, de la rue Camille Pelletan, à Levallois-Perret (92), une institution complémentaire.

Il s'agit du célèbre **WHO'S WHO**, dictionnaire biographique qui liste les personnalités qui comptent et qui contribuent au rayonnement de la France dans le monde.

Ce sont d'ailleurs souvent les mêmes qui se font photographier au Studio Harcourt.

Les critères rigoureux pour rentrer dans le Who's who, sont la notoriété, l'honorabilité, le mérite et le talent. Chaque année, 1000 personnes rentrent et sortent de ce livre rouge.

Dans le Parisis Code, si nous relions l'adresse du Who's who et celle du Studio Harcourt de l'Avenue d'Iéna (celle qui a vraiment compté), nous avons la surprise de voir cette ligne traverser l'Arc de Triomphe, centre de la Place de l'Etoile !

Henri **CARTIER BRESSON** (1908-2004), est un célèbre photographe français pionnier du photojournalisme considéré comme *l'œil du siècle*.

Il fut l'un des fondateurs, en 1947, de l'Agence Magnum qui regroupe les plus grands photographes et photojournalistes du monde.

La Fondation Henri Cartier Bresson, créée en mai 2003, un an avant sa mort à l'âge de 95 ans, se trouve à Paris, dans un petit atelier au n°2 de l'Impasse Lebouis.

Cette petite rue se trouve aisément dans Paris si l'on suit l'axe de la « rue Daguerre » (l'inventeur de la photographie) ou si l'on suit la ligne reliant l'œil de l'Aigle à la rue Niepce (pionnier de la photographie et auteur du tout premier cliché.

Henri Cartier Bresson fut l'assistant du cinéaste Jean Renoir. Aussi incroyable que cela paraisse, la Fondation Henri Cartier Bresson se trouve exactement dans l'alignement Ouest de la rue Jean Renoir (12ème arr.) et de la Cinémathèque Française.

La ligne de 4.5 kms qui réunit cette rue et la Fondation croise le Grand Œil, l'Observatoire de Paris !

Alors que penser de la création récente de cette Fondation. Henri Cartier Bresson connaissait-il le Code où cette adresse lui fut elle suggérer à son insu ?

Brassaï, l'autre « grand » de la photographie est en connexion virtuelle avec la Fondation Henri Cartier Bresson : l'axe qui relie le Square Brassaï (13ème arr.) à la fondation, coupe l'extrémité Ouest de la rue Daguerre.

Les Concerts Colonne

Édouard Colonne (1838-1910) est un chef d'orchestre, né à Bordeaux. En 1873, il fonde les Concerts Colonne, installé au Théâtre du Chatelet, et se fait une spécialité du répertoire français contemporain. Sa rue se trouve derrière le Théâtre du Chatelet, dans l'alignement Sud de la rue Sainte-Cécile (patronne des musiciens).

En 1892, Édouard Colonne est nommé directeur artistique de l'orchestre de l'Opéra de Paris. Il entre au Conservatoire de Paris en 1856, et remporte le Premier prix d'Harmonie.

La ligne de 9 kilomètres reliant la Cité de la Musique (à la Villette) à la rue de l'Harmonie, passe effectivement sur la petite rue Édouard Colonne.

Cette ligne passe sur la Couronne de l'Aigle des Buttes-Chaumont (Clef du couronnement, du mérite) et sur la Tour Montparnasse, Clef de l'Evolution.

Édouard Colonne meurt en 1910 à Paris, au n°21, rue Louis David ; il est enterré dans la division 89, au Père Lachaise.

Ce caveau est dans l'alignement Est de la rue Louis David.

La ligne reliant la Clef de la Communication (Maison de Radio-France) à sa tombe, passe miraculeusement sur... la rue Édouard Colonne !

Le jour où tout a basculé....

La véritable chance sourit à Édouard Colonne le 6 janvier 1873 (jour de l'Epiphanie), lorsque l'éditeur Georges Hartmann assista à la représentation des *Erynnies* de Leconte de Lisle dont il dirige la musique de scène composée par Massenet.

Ce coup de pouce du Destin est précieusement inscrit dans le Code. Jugez-en !

La ligne reliant la rue Leconte de Lisle à l'Arc de Triomphe passe par la rue Massenet et... sur la rue Louis David où vivait Édouard Colonne !

L'orsqu'en 1873, il découvrit le talent d'Édouard Colonne, l'éditeur Georges Hartmann avait son magasin de Musique au 19 du Boulevard de la Madeleine (sur le bras gauche de l'Ankh, notre Clef du Destin).

On remarquera que l'Œil de l'Aigle des Buttes-Chaumont qui "regarde" le n°21, rue Louis David (où habitait Édouard Colonne) crée une ligne qui traverse cette adresse après avoir croisé le Palais de la Découverte (Clef de la découverte) et la Clef de la Mise au Monde: l'Esplanade des Droits de l'Homme, du Trocadéro.

Preuve que le Destin de ces 2 hommes était lié !

En 1888, Georges Hartmann habita 20 rue Daunou, puis en 1897, 10 place de la Madeleine, pour finalement décéder en 1900 en son ultime domicile du n°1, rue Caumartin.

Etrangement, tous ces domiciles étaient greffés sur l'Ankh de Paris et.... alignés !

Le temps des phonographes

Édouard Colonne fut le champion de la musique française de son temps ainsi que de Berlioz dont il fit renaître la musique.

D'ailleurs ce détail figure dans le Code: la ligne reliant la Clef de la Communication à la rue Berlioz, croise en effet le n°21, rue Louis David où vivait Édouard Colonne.

L'axe rue Berlioz - rue Édouard Colonne mène à l'Opéra de Paris-Bastille.

Il fut également un précurseur du phonographe ; il a enregistré une vingtaine de disque Pathé et aucune autre marque.

Information qui transparaît dans le Code : la ligne reliant la Phonothèque Française à la Grande Galerie de l'Evolution traverse bien la rue Édouard Colonne !

Cet axe nous en dit plus ! Il atteint au nord, sur le bras droit de l'Ankh, au n°30 Boulevard des Italiens, l'adresse où se tint en 1894, le Salon du phonographe, premier salon mondial d'écoute phonographique, et l'une des plus brillantes innovations des frères Pathé.

Mais l'Orchestre Colonne n'est pas mort !

Il a même une adresse dans Paris : Salle Colonne, n°94 boulevard Auguste Blanqui, à Paris dans le 13ème arr.

Incroyable, cette adresse respecte scrupuleusement le Code, en offrant même un Panthéon Virtuel à ce grand musicien.

En effet, cette adresse est exactement dans l'alignement Sud de la rue Édouard Colonne, de l'entrée du Panthéon, et de la rue Sainte-Cécile (Patronne des musiciens) ; rue où se trouve le Conservatoire d'où Édouard Colonne est issu !

En juin 1927, fut inauguré au Palais de Chaillot, un monument exécuté par Paul Landowski à la mémoire d'Edouard Colonne. Ce monument est à présent dans le hall du Théâtre de Chaillot.

Edouard Colonne était un ami de Paul Landowski, le sculpteur du fameux Christ Rédempteur de Rio de Janeiro (Brésil).

Son fils, le compositeur Marcel Landowski (1915-1999), premier directeur de la musique en France depuis Lully, présida aux destinées de l'Association artistique des Concerts Colonne, sans toutefois en assurer la direction musicale.

C'est le chef d'orchestre Gabriel Pierné qui succéda en 1910 à Édouard Colonne. Il est troublant de trouver la rue Édouard Colonne sur la ligne reliant le Square Gabriel Pierné (6ème arr.) à la tombe d'Édouard Colonne !

La ligne reliant l'adresse actuelle de l'Orchestre Colonne au Square Gabriel Pierné, crée un axe qui atteint l'Opéra Garnier (Boucle de l'Ankh et Clef du Destin) !

Amusant : Edouard Colonne était un grand violoniste.

A Paris, l'un des seuls établissements évoquant le Violon est le restaurant "Le Violon d'Ingres" situé au n° 135, rue Saint-Dominique (7e). Devinez où il se trouve ? Exactement dans l'alignement Ouest de la rue Édouard Colonne !

De plus le Grand-Œil (Observatoire de Paris) qui regarde ce restaurant, crée un axe qui atteint avec précision l'adresse actuelle du siège social de l'Orchestre Colonne (94 boulevard Auguste Blanqui).

Colonne et le Chatelet

A partir de 1873, le Châtelet joue un rôle primordial dans la vie musicale française avec l'installation de l'Association des Concerts Colonne.

Dirigé par son fondateur Edouard Colonne, l'Orchestre Colonne fait découvrir au public du Châtelet les compositeurs français de son époque, ressuscite le génie de Berlioz, Mendelssohn, Wagner, Liszt, Schumann, Brahms...

Aussi est-il logique que la Clef de la Création (extrémité de la Fontaine de Varsovie) nous indique précisément où vécut et mourut Édouard Colonne.

L'axe formé par cette clef importante et le théâtre du Châtelet, traverse la rue Édouard Colonne et nous amène sur le n°21, rue Louis David...

La Place **VENDOME** possède une particularité peu connue, en relation avec la photographie.

Elle a été le support artistique d'une avance technologique unique au monde en matière de reproduction photographique.

En effet, à Buenos Aires (Argentine), à l'occasion du Salon Francia consacré aux technologies de pointe, le laboratoire photographique français Sartony a réalisé le plus grand agrandissement photo jamais réalisé au monde.

Ce record a été remporté par une reproduction de la Place Vendôme de Paris au 18e siècle, réalisée avec des documents d'archives par 8 techniciens qui ont travaillé pendant 3 semaines. Sa superficie était de 3000 mètres carrés !

Dans le Code, si nous relions par une droite l'œil de l'aigle à la rue de Buenos Aires (7ème arr.), celle-ci traverse... la Place Vendôme.

Pourquoi cet exemple précis ne serait-il qu'une coïncidence, même s'il paraît quelque peu... futile ?

Restons sur la Place Vendôme, pour évoquer une curiosité tout aussi éphémère : la trompe l'œil, clin d'œil de napoléon...

De plus en plus de bâtiments prestigieux en réfection arborent une bâche de travaux en trompe - l'œil pour dissimuler des échafaudages disgracieux.

Au printemps 2007, sur la place Vendôme, au n°19, la façade de l'ancien Hôtel d'Evreux (18ème siècle) fut dissimulée derrière une grande bâche en trompe - l'œil, copiant la façade elle-même.

Les fenêtres, les colonnes, les balcons et leurs dorures furent reproduits comme un dessin à l'aquarelle.

La statue de Napoléon 1er (représenté en Caesar Imperator) qui surmonte la colonne Vendôme, se reflétait même dans une fenêtre factice.

Ce détail amusant révèle un clin d'œil que le touriste n'est pas à même de décrypter.

Il lui manque quelques clefs... du Parisis Code : en effet, si l'on trace un axe reliant le tombeau de Napoléon à son reflet représenté dans ce trompe-l'œil provisoire, on s'aperçoit qu'il rejoint avec précision le centre de l'Ankh.

Quant à l'axe généré par le reflet factice et la colonne Vendôme, il correspond à une droite partant de l'Observatoire (le Grand Œil) en direction du reflet !

Un message venu d'ailleurs qui tombe étrangement bien : il y a exactement 2 siècles, en 1807, l'Empereur Napoléon 1er était au zénith de son pouvoir ; il dominait l'Europe !

Aussi incroyable que cela paraisse, ce message nous est confirmé : l'axe formé par la Place de l'Europe et le reflet factice de Napoléon, atteint ni plus ni moins que l'extrémité Nord de la rue Bonaparte et surtout… l'Arc de Triomphe du Carrousel élevé à la gloire des batailles napoléoniennes !

Une question me brûle les lèvres : ce pourrait-il que l'artiste de ce trompe-l'œil ait été guidé par une force mystérieuse ?

Remarque : le Palais de l'Elysée, qui fut occupé par Napoléon, est installé dans un autre ancien *Hôtel d'Evreux*. L'axe joignant ces 2 Hôtels passe sur l'Arc de Triomphe.

LE PERE NOEL

Walter **SCHIRRA** sur Mercury 8, fut le premier astronaute à utiliser le nom de code *Santa Claus* permettant de désigner les soucoupes volantes, et par extension, une présence « étrangère ». *(Source : Maurice Chatelain, ex-collaborateur de la Nasa).*

Santa Claus ou Saint-Nicolas en français est le *Père Noël* aux U.S.A. *Santa Claus* était donc pour la NASA, synonyme d'Aliens sur la lune.

A Paris, on trouve une rue Saint-Nicolas qui, selon toute logique, pourrait nous mettre sur la voie de cette mystérieuse présence.

Effectivement, en utilisant une fois de plus la « clef-Ankh », nous obtenons une révélation étonnante !

En effet, si nous traçons une ligne joignant la rue Saint-Nicolas au centre de la boucle de l'Ankh, elle passe directement sur le laboratoire de Gruais où fut justement découverte la sculpture monumentale lunaire, preuve indiscutable de cette présence actuelle ou passée.

C'est à **EUROPA PARK**, (Rust) le plus grand parc d'attractions d'Allemagne, que se trouve exposé, dans le quartier consacré à la Russie, l'unique prototype expérimental de l'ex-station orbitale **MIR** (détruite en 1999).

Cette station est au pied d'un immense radio-télescope en parfait état de fonctionnement.

A proximité, une Montagne Russe avec des wagonnets carrossés comme des Soucoupes Volantes : Euro-Mir.

Comme un clin d'œil, depuis plusieurs années, à l'occasion des fêtes de fin d'années, une statue monumentale du Père Noël (5 à 6 mètres de haut), est exhibée juste au pied de cette station spatiale.

Certaines personnes, sur notre Terre, connaissent-elles la présence de cette colonie d'Aliens sur la lune et l'ont-elles montré dans le Parisis Code ?

En tout cas la rue de la Colonie se trouve dans l'alignement Sud de la rue de la Lune. Le doute est donc permis…

On peut aussi se pencher sur le choix du Père Noël pour désigner ces mystérieux voisins.

Le Père Noël est pour l'enfant un être fabuleux qui fait des cadeaux. En fait, il n'existe pas ; pourtant les cadeaux sont bel et bien réels.

La face cachée de ce mystère, révélée plus tard, lorsque l'enfant a muri, s'appelle *les parents*.

La Fable pourrait être celle-ci : depuis toujours les terriens sont aidés et protégés discrètement malgré eux par d'improbables « voisins », messagers d'une Intelligence Supérieure qui régit l'Univers.

Ces êtres infiniment supérieurs à l'homme à tout point de vue ne se feront connaître que lorsqu'ils estimeront le moment opportun ; lorsque l'Homme aura muri. Autrement dit : ce n'est pas demain la veille !

L'alignement Monument Esotérique-Champs de Mars - Œil de l'Aigle (pouvant symboliser la Mission lunaire Apollo) passe par la rue de la Lune.

Présence triomphante ? La ligne joignant la rue de la Lune à l'Arc de Triomphe passe par la boucle du *signe de Vie*, l'Ankh.

La ligne joignant la rue de la Lune à l'Obélisque de la Concorde est parallèle aux bras du signe de Vie ; cet axe atteint le bout du *bassin-phallus* (Clef de la Création), ce qui pourrait laisser entendre que nous avons une origine commune avec eux.

La Tour Maine-Montparnasse symbolisant à Paris le monolithe noir trouvé sur la Lune dans *2001, l'Odyssée de l'Espace* de Stanley Kubrick, on peut constater que la ligne joignant cette tour à l'une des entrées de la rue de la Lune passe par la Crypte du Sphinx du Louvre (symbole de révélation).

Le Carrefour de la demi-lune aligné sur la Tour Maine-Montparnasse passe par la rue d'Odessa (odyssée : la *route des Dieux*) les rues de Départ et d'Arrivée et la Place Bienvenue. Voilà qui est accueillant !

Dans le Code, tout laisse à penser que ce sont les chinois qui vont rentrer les premiers en contact officiellement avec les Aliens installés sur la Lune.

Sont alignés : Arc de Triomphe, boucle de l'Ankh, rue de la Lune, rue de la Chine (la ligne évite la rue du Japon, pourtant placée devant elle !).

Très étrange : cette ligne passe en biais exactement entre les Portes Saint-Denis et Saint-Martin, la *Porte des portes* (message ?).

Pour finir, les américains sont-ils vraiment allés sur la Lune ? S'ils y sont allés, était-ce avec la technologie qu'ils ont prétendu employer ?

Les images montrées par la Nasa ont-elles été tournées en studio comme certains chercheurs le prétendent.

Pourquoi de nombreux clichés lunaires sont-ils retouchés ou floutés ? Que veut-on nous cacher au juste ?

De nombreuses questions restent en suspens concernant ce premier pas sur la Lune. Certains alignements du Code ont l'air de vouloir accentuer nos doutes.

En effet, la rue de la Lune est dans l'alignement Nord de la rue de la Grande Truanderie !

Cette rue accusatrice est elle-même dans l'alignement Nord de la rue Saint-Victor, qui nous donne le jour du *premier pas*.

LA PHRASE LUNAIRE

Un événement spectaculaire passé inaperçu, laisse suggérer que la Lune est déjà colonisée…

Le mardi 3 août 1971 à 8 h du matin, lors de l'alunissage d'**APOLLO XV** le cosmonaute américain **WORDEN** entendit lors de la prise de contact avec la Terre, une mystérieuse phrase, un message composée de 20 mots intraduisibles qui sema pendant un petit moment la panique.

A noter que le nom du cosmonaute contient le mot anglais: word… mot!

Voici quelques-uns des mots captés par Worden : *Mara rabbi allardi dini endavour esa couns alim.*

Le récepteur d'Apollo XV était en train de capter une émission d'origine inconnue.

A 11h 15, un phénomène de fading se produisit puis le contact avec Houston fut perdu.

Suivirent ensuite des murmures étouffés, et une modulation de mots prononcés dans une langue inconnue puis une phrase constamment répétée sur un ton allant du grave à l'aigu, avec des pointes stridentes suivies d'exclamations rauques.

Immédiatement tout fut mis en œuvre pour faire oublier cet incident, même la presse et la télévision ont observé le silence absolu.

Une conjuration a interdit la divulgation de la phrase lunaire.

La mystérieuse phrase entendue sur la lune semble contenir certains mots hébreux reconnaissables.

Mara (amère) rabbi (maître) allardi dini (loi, sentence) endavour (mot anglais signifiant « effort ». allardi, esa, couns, et alim sont intraduisibles.

Le Parisis Code a été découvert en juin 2005 à Strasbourg - Neudorf par Thierry Van de Leur (photo ci-dessus).

Si vous désirez connaitre la façon dont sont codés, dans Paris, d'autres artistes célèbres comme Claude François, Barbara, Edith Piaf, Brel, Coluche, Le Luron, Tokio Hotel, Alain Chamfort, Dalida, Serge Gainsbourg, Jim Morrison, Bashung, Brigitte Bardot, Prince, Michel Berger, France Gall, Tino Rossi, Eddy Barclay, Georges Brassens, Céline Dion etc… je vous propose mon livre " **Vies d'Artistes encodées dans Paris**" (Editions Lulu.com, 2017 - ISBN 979-10-91289-30-6). Disponible sur Amazon

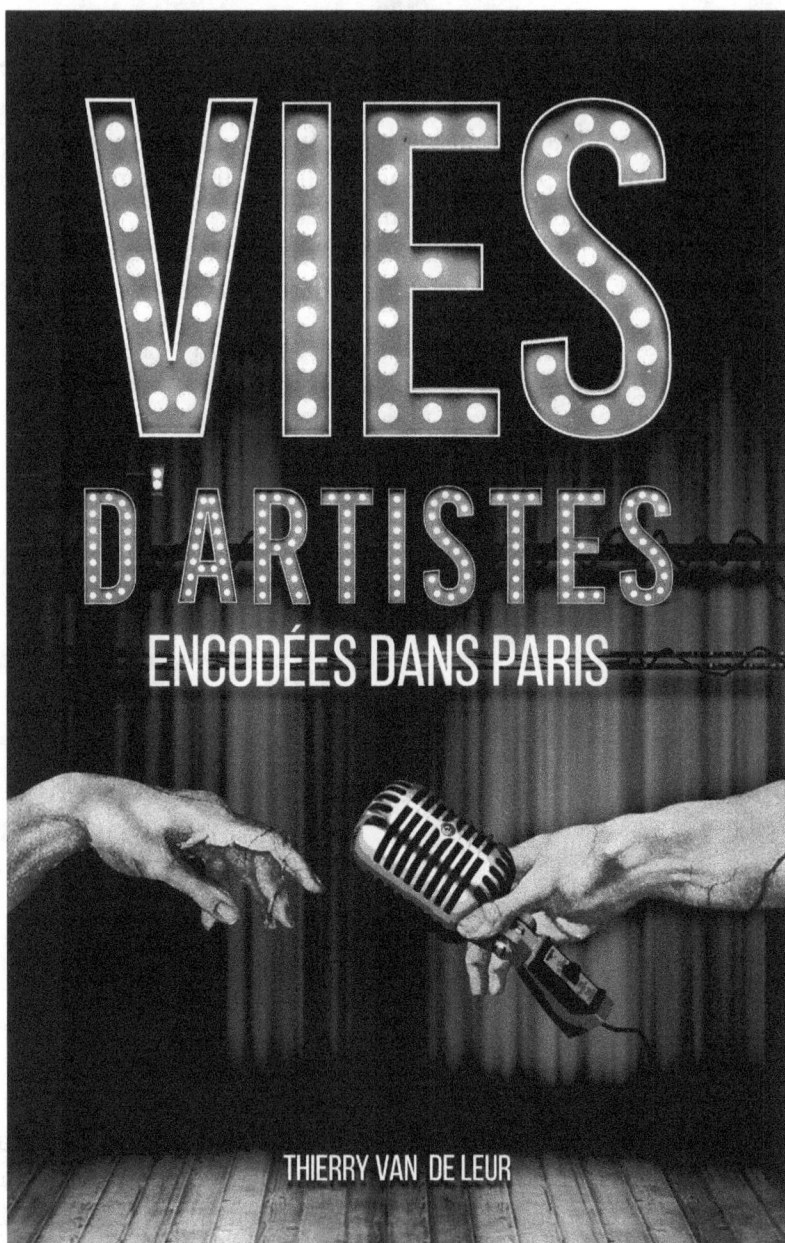

VIES
D'ARTISTES
ENCODÉES DANS PARIS

THIERRY VAN DE LEUR

Quatrième de couverture

Il existe dans la Ville Lumière un mystérieux Code encore ignoré de tous.

Depuis la création d'internet et la réalisation de cartes extrêmement précises exécutées grâce aux satellites et aux lasers, nous avons tous le privilège d'y accéder facilement.

Nul besoin d'être un spécialiste pour le décrypter : il suffit d'une simple carte de Paris pour découvrir émerveillé les multiples informations qu'il contient.

Qui a créé ce Code ? Nul ne le sait. Une seule chose est certaine, il n'est pas réalisé par l'homme. La réponse vous appartient.

L'important est qu'il existe et qu'il nous fasse prendre conscience de notre place en ce monde.

Bien entendu, les célébrités du spectacle, de la littérature, de la politique ou les religions sont codées en priorité.

Ainsi, le parcours de vie d'un artiste, son destin, de sa naissance à sa mort peut se retrouver sous forme de lignes sur la carte de Paris avec une précision remarquable, presque diabolique.

Une question qui vous taraudera tout au long de ce livre, est : Comment est-ce possible ?

Dans cet ouvrage, les informations précises concernant plusieurs chanteurs et fantaisistes célèbres (disparus pour la plupart) s'alignent comme par enchantement.

Les lignes se mettent à "parler", tracées par une mystérieuse main céleste qui met ainsi en évidence les destinées, preuves à l'appui.

Ce livre propose le décryptage des destins exceptionnels de :

Claude François, Barbara, Edith Piaf, Jacques Brel, Coluche, Le Luron, Tokio Hotel, Alain Chamfort, Dalida, Serge Gainsbourg, Jim Morrison, Bashung, Brigitte Bardot, Prince, Michel Berger, France Gall, Tino Rossi, Eddy Barclay, Georges Brassens, Céline Dion? Johnny Hallyday, etc…

C'est est un véritable tourbillon de coïncidences, synchronicités et prédestinations.

LIVRES EDITES PAR L'AUTEUR

PARISIS CODE (tome 1)

Editions Lulu.com, 2012 - ISBN 979-10-91289-02-3

LE CODE SECRET DES RUES DE PARIS (Parisis Code **tome 2**)

Editions Lulu.com, 2012 - ISBN 979-10-91289-03-0

ET DIEU CREA ...LE CODE - (Parisis Code **tome 3**)

Editions Lulu.com, 2012 - ISBN 978-2-9540731-7-0

PARIS, CAPITALE DU DESTIN - (Parisis Code **tome 4**)

Editions Lulu.com, 2012 - ISBN 978-2-9540731-4-9

LE METRO VIRTUEL - (Parisis Code **tome 5**)

Editions Lulu.com, 2012 - ISBN 979-10-91289-01-6

LES ARCHIVES CHRONO-PARADOXALES - (P. Code **tome 6**)

- Lulu.com, 2014 - ISBN 979-10-91289-11-5

LE GRAND CODE DE LONDRES

Editions Lulu.com, 2012 - ISBN 979-10-91289-04-7

L'EPHEMERE RESURRECTION DE LA BASTILLE

Editions Lulu.com, 2011 - ISBN 978-2-9540731-0-1

LE SECRET SOLAIRE DU MONT SAINTE ODILE

Editions Lulu.com, 2011 - ISBN 978-2-9540731-3-2

LES PHENOMENES SOLAIRES ARTIFICIELS

Editions Lulu.com, 2011 - ISBN 978-2-9540731-2-5

LES CLEFS CACHEES DE LA VIE

Editions Lulu.com, 2012 - ISBN 979-10-91289-05-4

ENIGMES tome 1

Editions Lulu.com, 2014 - ISBN 979-10-91289-12-2

ENIGMES tome 2

Editions Lulu.com, 2014 - ISBN 979-10-91289-13-9

L'INQUIETANT MESSAGE DE CHIBOLTON

Editions Lulu.com, 2012 - ISBN 978-2-9540731-6-3

LE FABULEUX SECRET DE PARIS

Editions Lulu.com, 2015 - ISBN 979-10-91289-15-3

L'ULTIME SECRET DE FATIMA

Editions Lulu.com, 2015 - ISBN 979-10-91289-18-4

MARINE LE PEN, UN DESTIN GRAVE DANS PARIS

Editions Lulu.com, 2015 - ISBN 979-10-91289-17-7

JE SUIS... CODEE

Editions Lulu.com, 2015 - ISBN 979-10-91289-22-1

MACRON, UN DESTIN MACHIAVELIQUE GRAVE DANS PARIS

Editions Lulu.com, 2017 - ISBN 979-10-91289-27-6

JOHNNY HALLYDAY, un fabuleux destin encodé dans Paris

Editions Lulu.com, 2017 - ISBN 979-10-91289-29-0

VIES D'ARTISTES encodées dans Paris

Editions Lulu.com, 2018 - ISBN 979-10-91289-30-6

LE PARISIS CODE FAIT SON CINEMA

Editions Lulu.com, 2018 - ISBN 979-10-91289-31-3

LE SECRET DES RUES DE STRASBOURG - Tome 1

Editions Lulu.com, 2019 - ISBN 979-10-91289-33-7

LE SECRET DES RUES DE STRASBOURG - Tome 2

Editions Lulu.com, 2019 - ISBN 979-10-91289-34-4

"SAINT" ROBERT SCHUMAN
Editions Lulu.com, 2019 - ISBN 979-10-91289-35-1

Retrouvez les dernières publications de l'auteur sur

Lulu.com   amazon.com

Tous les livres peuvent être commandés directement.

Contacter l'auteur : t.van-de-leur@laposte.net

Pour suivre les dernières informations :
http://parisis-code.skyrock.com (52.000 visites depuis 2009) :

Dernière mise à jour le 1 mai 2019

www.ingramcontent.com/pod-product-compliance
Lightning Source LLC
Chambersburg PA
CBHW052203270326
41931CB00011B/2217